一流アスリートが実践！
自分を操るメンタル強化法

浮世満理子
Mariko Ukiyo

JIPPI Compact

実業之日本社

はじめに

スポーツの世界において、今やメンタルは必要不可欠なものです。

多くのアスリート達が試合後のインタビューなどで、「メンタルが強い」「弱い」と語る姿を見ることが多くなりました。

試合を観戦する人達も、「あんな状況で逆転するなんて、あの選手のメンタルは強い」と感心したりします。

スポーツをする人も見る人も、メンタルによって、試合の結果が左右されていることを実感しているようです。

現在、体力や技術力と同じように、よりよい結果を得るためには、メンタルが重要だという認識が広まってきているのです。

私は、メンタルトレーナーとして、これまでに多くのアスリートを担当してきました。

アテネオリンピックの男子体操団体でキャプテンとしてチームを率い、金メダルに輝いた米《よね》田《だ》功《いさお》さん。

プロテニスプレイヤーとして、全日本選手権のシングルスとダブルスで優勝し、9つものタイトルを獲得した岩渕聡《いわぶちさとし》さん。

日本女子プロゴルフの賞金女王に輝き、現在も活躍している女子プロゴルファーの上田桃子《うえだももこ》さん。

北京オリンピック日本代表で、女子走り幅跳びの日本記録保持者の井村久美子《いむらくみこ》さん。

個人だけではなく、Ｊ１リーグで奮闘しているベガルタ仙台でメンタルトレーニングを担当するなど、多様な競技のアスリート達と関わっています。

アスリート以外にも、舞台やテレビで活躍する芸能人や、企業を経営するビジネスマンを数多く担当してきました。

そして、スポーツや芸能、ビジネスの世界で個々が抱いた目標を達成するサポートをしてきました。


私のクライアント達が活躍されている分野は、多岐に渡りますが、**目標を達成するという目的は一緒**です。

また、**分野は違っても、人がつまずきやすいポイントは似通っている**ものです。

そのため、私は各分野や個々の競技についての専門知識がなくても、どうすればその人のメンタルがよくなるかを指導することができました。

おかげさまで、さまざまな世界を見てきましたが、そのなかでもスポーツについては特に思うことがあります。

メンタルの効能が一番わかりやすいのがスポーツのシーンだということです。

特に試合になれば、メンタルの影響が勝敗や得点となって、目に見える形で表れます。

スポーツは、世界のトップになればなるほど、メンタルによって勝敗が決まるものです。

トップアスリート同士の試合になると、実力差はほとんどありません。**試合の行方を決めるのは、ほんのわずかな気のゆるみだったり、集中力の欠如**であったりします。

つまり、**メンタルが勝敗のカギをにぎる**のです。

また、実力差があっても、メンタルによって勝負が逆転することがあり得ます。

実力差がある場合は、本来能力の高い人が勝ちます。

でも、**多少の実力差であれば、メンタルでその差がなくなり、逆転してしまうことがままある**のです。

たとえば、体操競技で実力のある選手のメンタルが弱っている状態だと、練習でできていた技ができないことがあります。

そんな時に本来の実力では劣るけれども、メンタルのいい状態の選手がいたとします。難易度では低いけれど、彼が練習でできている技を着実に決めました。

そうすると、本当の実力では負けるであろう試合に、勝ってしまうことが起きるのです。

では、そのメンタルとは、何のことでしょうか。


みなさんはメンタルというと、どんなことを思い浮かべますか。


物事に対する、努力や根性、気合い、執念のようなもの。

またはメンタルという英語の訳通りに、精神や心のこと。

逆境に負けない折れない心。

どんな事態にも動じない平常心なども、メンタルだと思う方もいるでしょう。

いろいろな言葉をイメージされると思いますが、どれも間違いではありません。


本書では、メンタルとは何かを紐解きながら、メンタルを強くするためのテクニックや、スポーツを例にしながらさまざまなピンチを切り抜けるメソッドを紹介していきます。

さて、メンタルを強くするには、何をどうすればいいのでしょうか。

仮に先ほど例に出したイメージの「努力」や「根性」などを手がかりに、強化方法を考えるとします。

努力や根性、気合いなどと聞くと、ただひたすら、自分自身を鼓舞したり、ムチ打ったり、励ますようなことしか、すぐには思い浮かばないのではないでしょうか。

これらの要素だけで、メンタルを強くしようと考えると、そんな精神論ばかりに終始しがちです。

実は**根性や平常心などの先ほど思い浮かべた言葉は、メンタルのなかの「思考」にあたるもの**です。

もっと端的にいうと、考え方といっていいでしょう。

考え方は、状況や環境によっては変わる可能性があります。

自分次第で変化したり、曖昧にもなるので、具体的に何をすればいいのかがわかりづらいのです。

メンタルという言葉は、普段、気軽に口にするし、耳にもしますが、そのわりに実体をつかめていない人がほとんどです。

人は物事の一面を見ただけで、その本質を理解したような気になることがあります。他にも違う面があることを知らなかったり、気づかなかったりすることも多いのです。

メンタルについても同じです。

先ほど「メンタルのなかの『思考』を表す」といったように、**メンタルは1つの要素で構成されているものではありません**。複数の要素で成り立っています。

つまり、**「根性」や「執念」などは、メンタルの一部分で、その一端しか、私達が見えていないために、メンタルそのものがわかりづらいものになっている**のです。

だからこそ、メンタルとは何かが正しくわかれば、メンタルを強化する方法も具体的に見えてくるのです。

あなたは今、スポーツやビジネス、または日常的なシーンで何かしらの目標や、自分を変えたい願望を持っているはずです。

しかし、メンタルそのものをよく知らないうちは、夢半ばでつまずいてあきらめてしまったり、目標まで到達できないこともあるのではないでしょうか。

また、少しでも前に進めていればいいのですが、失敗をくり返す原因が何なのかがわからずに、歩みを止めてしまう場面もあるかもしれません。

そうなってしまった原因は、自分の「メンタル」にあると、あなたは気づきはじめているはずです。

だからこそ、本書を手にとり、ここまでページをめくってくださったのだと思います。


そもそも、メンタル自体がよくわからないうちは、どうしたらメンタルが強くなれるのか、逆によくない状況に陥ってしまうのかがわからなくて当然です。

そこで、本書では第1章から「メンタルとは何か」を具体的に解説し、メンタルをそのものを明らかにしていきます。

その構造を紐解きながら、メンタル強化のメソッドを随所に紹介していきます。

説明をするにあたっては、むずかしい印象にならないように、あえて心理学などの学術用語や専門的な表現をすることを避けました。

1つ1つの内容は心理学に裏づけされたものですが、読んで直感的に理解しやすい、すぐに実践しやすい、そんなわかりやすい解説を心がけたつもりです。

メソッドは、さまざまなスポーツのなかでよくあるシチュエーションをもとに紹介しています。そのため、どんな競技にも使えます。

もっと言えば、他の分野でも応用が可能です。

私がメンタルトレーナーとして、さまざまな分野の人達をサポートすることができたように、紹介したメソッドは、**スポーツ以外のビジネスや勉強、日常生活といった幅広いシーンで使うことができます**。

分野は違っても、目標を達成するという目的は一緒。つまずく原因も一緒なら、それらを解決する方法も同じなのです。

あなたが掲げている目標の大きさも、関係ありません。

例えば、

「今日やるべき勉強や仕事を後回しにしてしまう」

「ダイエットがうまくいかない」

「ミスをくり返してしまう」

「真面目にやっているけど、結果が出ない」

「新年に決めたことが三日坊主で終わった」

など、身近な目標があるのに、メンタルが弱いがゆえに、達成できていなかったこともあるでしょう。

本書はスポーツのシーンをもとに解説していますが、「監督」を「上司」、「試合」を「会議」や「プレゼン」、「練習」を「日常業務」や「勉強」と、今の自分の状況にあてはめて読んでみてください。そして、ぜひ日常的に強化メソッドを取り入れてください。

もし本書で、あなたの目標達成のためのサポートができれば、メンタルトレーナー冥利に尽きるというものです。

浮世満理子

もくじ

第1章　武器としてのメンタルを手に入れる

第2章 練習・人間関係・コンディションのメンタル強化法

第3章 プレッシャー・集中力のメンタル強化法

第4章 マイナスの思考・感情を変えるメンタル強化法

装丁デザイン／杉本欣右
本文ＤＴＰ／Lush!

第1章

武器としてのメンタルを手に入れる

- ☑メンタルとは何かを知る。
- ☑メンタルを強化するためのポイントを学ぶ。
- ☑強いメンタルが生み出す効力を知る。

メンタルはなぜ存在する?

メンタルとは、いったい何なのでしょうか。

メンタルがよければ、試合も練習も日常生活も、総じてうまくいくものです。逆にメンタルの状態がよくなければ、思うような結果にたどり着けません。

メンタルは、物事の勝敗や成否を決める重要なカギですが、その実体はよく知られていません。よく知られていないにもかかわらず、人の人生を大きく左右する存在です。

ここでは、そのメンタルの持つ特性や、メンタルには何が必要かを一緒に考えていきましょう。


メンタルは、「こうなりたい」という目標とかかわりが深く、表裏一体です。

目標とは、希望や願望といってもいいでしょう。

目標があるからこそ、メンタルが必要となり、メンタルを活用するには、目標が必要になるのです。

これは、多くの人にとって、ごく当たり前の話ですよね。

目標がない状態であれば、人は何もする必要がありません。人はやりたいことがなければ、自分を変化させようとはなかなか思わないのです。

まるで、船が前にも後ろにも進むことなく、海に漂っているような状態です。

そんな場面では、メンタルは必要とされません。

メンタルを構成する３つの要素

目標がある時に、メンタルが必要ならば、メンタルとは、目標に向かって、私達を進ませるものだと考えられます。

みなさんも、過去に経験したことがあるのではないでしょうか。

目標の大小は別にして、目標を決め、それに向かって努力を積み重ね、達成した経験です。

過去にあなたが目標を達成したシーンを思い出してみてください。

目標や希望があった時、あなたはそれに向かって努力をしました。

目標を達成するまで、モチベーションを保ち、情熱を燃やし続けました。

逆境に対しては、平常心で向かい合い、心も折れませんでした。

そして、目標にたどり着いたあかつきには、心が達成感で満たされました。

本書の「はじめに」で、メンタルと聞いて、一般的にイメージされる言葉のなかに、「努力」や「根性」「執念」「折れない心」「平常心」「精神」、「心」といったものがあるといいました。

また、これらは、メンタルのなかの「思考」を表す言葉だ、とも。

過去に目標を達成した経験からすると、メンタルのなかの「思考」と呼ばれる言葉の数々は、目標に向かって進み、困難を乗り越える推進力のようなものです。

メンタルを構成する要素は、他にもあります。

それは「感情」と「行動」という2つの要素です。

「感情」は、喜びや悲しみ、怒りなど状況によって、天気のようにコロコロと変わるものです。そして、何かを達成した時の喜びなど、いい形で結果が出ている時は、モチベーションをグンと上げてくれます。

「行動」は、文字通り、目標達成へと導く「行動」の数々です。

モチベーションが落ちている時でも、「ルーティン（習慣）の行動」があれば、少しずつでも私たちを目標に近づけてくれる力強い存在です。

メンタルは「思考」を土台にして、「感情」と「行動」とうまく連携を取りながら、私達を目標達成へと向かわせています。

３つの要素がそろったメンタルは、目標に向かって進む「力」になります。

そして、困難を乗り越える時に役立つ心強い「武器」なのです。

MP
Mental point

▼
メンタルは目標とともに存在する。メンタルの「思考」「感情」「行動」という３要素は、私達が目標に向かうための力であり、困難を乗り越える心強い武器。

メンタルが強力な武器かどうかは、「目標」次第

先ほど、メンタルは目標があって、はじめて必要とされるものだといいました。

あなたは今、自分なりの目標を持っているはずです。

ならば、メンタルも当然必要で、自然と今、あなたのなかにあるでしょう。

メンタルが目標に向かう力であり、困難を乗り越える心強い武器であるならば、あとはトントン拍子に前へと進むはずです。

でも、ちょっとおかしいなと思いませんか？

私たちは目標を持ったとしても、努力が長続きせずに、立ちはだかる困難を前に挫折してしまうことがあります。


目標へとうまくたどり着けない理由は、２つあります。

１つは、あなたが抱いた目標の問題です。


「自分がこうなりたい」という目標は、とても身近で現実的なことでも、大きな夢のようなものでも、どちらでも大丈夫です。

スポーツの分野であれば、苦手なプレーを克服することでも、試合に勝つことでもいいし、オリンピックで金メダルを取るという偉業でもいいのです。

また、「勝利」や「成功」のいずれかにとどめる必要もありません。

「自分が活躍することで競技をメジャーにする」という大きなものを掲げてもいいし、「家族とよい時間を過ごす」「人生を豊かに生きる」といった身近なことでもいいのです。

むしろ、自分だけでなく、まわりの人達や社会に貢献できる「人生の目標」を持つことはとても素敵なことです。

ちなみに私は、この人生の目標を「ミッション（使命）」と呼んで、アスリート達を指導しています。

そのミッションへと続く道すじの途中には、いくつもクリアしなければならない目標があるものです。

トップのアスリートほど、自分のミッションを明確に持っています。

そして、そこへ進む道すじにあるクリアしなければならない目標や課題も具体的に思い描けています。

いずれの目標にしても、自分がそうなるんだと信じきることが大切です。

夢のような目標でも、具体的に達成までの道のりを思い描き、メンタルを適切な「思考」と「感情」と「行動」に保てていれば、勢いよく前進できます。

ところが曖昧な目標に対しては、メンタルの中身も曖昧なものになります。

メンタルは目標があってこその存在なので、設定した目標があやふやだと、そこへたどり着く手段もあやふやになります。メンタル自体もどこに行っていいのかわからず、路頭に迷ってしまうのです。

メンタルを武器にたとえたついでにいうと、銃（メンタル）は、明確な的（目的）があってこそ狙いを定めて撃てるというものです。

MP
Mental point

▼ メンタルと目標は2つで1つ。強力なメンタルを手に入れるには、目標を明確化し、そこまでの道のりを具体的に思い描こう。曖昧な目標は、メンタルを弱くしてしまう。

強力だけれど、繊細な武器「メンタル」

明確な目標のもと、強力なメンタルを手に入れたとしましょう。

今度こそ、目標に向かってまっしぐらですね。

ところが、世の中はなかなかうまくいかないものです。

どんなに役立つ武器であっても、あなたが使い方を間違えていたり、手入れが行き届かなければ、使えなくなってしまうことがあります。

どんなに強力な武器でも、うまく使いこなさなければ、いい結果には結びつきません。


目標へとうまくたどり着けない、もう1つの理由はメンタルの問題なのです。


メンタルという武器を正しく使えていなかったり、きちんと手入れができていないと、どうなるのでしょうか。

大事な場面で緊張して本来の力が出せなかったり、逆境を前に踏ん張ることもできずに、あきらめてしまうなど、前に進むことがむずかしくなってしまいます。

そんな状況が続けば、やがては自信をなくし、最終的には自分自身や目標さえも見失ってしまうのです。

ここでもメンタルと目標は2つで1つなのです。

メンタルは、正しく使えると心強い武器になります。しかし、そのあつかい方は、繊細なものであると思ってください。

明確な目標を持って、メンタルの三要素を適切な状態に保てば、目標はおのずと達成できます。

今のあなたに必要なのは、メンタルの正しい使い方と手入れのマニュアルです。

MP
Mental point

メンタルは正しく使わなければ、その効力を発揮しない。使い方や手入れの仕方をちょっとでも間違えると、とたんに弱くなる。繊細な武器と考えよう。

強いメンタルを取り戻す！

もし、まだ達成できていないことがあるなら、メンタルを弱めている原因や、正しい使い方を習得すればいいのです。

また、明確だった目標がブレたり、曇ってきていないか、思い描いた道のりが見当違いの方向に向いていないか、目標自体も再点検することが大事になります。

さて、メンタルのマニュアルのなかには、さまざまなメソッドがあります。

そのために、1から学んだり、1人で解決するのはとても困難なことです。

そこで、心理学を専門に学んだメンタルトレーナーや心理カウンセラーの力が必要となり、本書の存在意義が出てくるのです。

ただし、実践がむずかしい方法は、1つもありません。

というのも、アスリート達も心理学の専門家ではないし、大抵切羽詰まった時に必要になるものですから、複雑なテクニックでは、日常的に使えないのです。

第2章から紹介するメソッドは、プロセスが簡単ですぐに使える方法ばかりなので、ぜひ競技や日常に取り入れてみてください。

MP
Mental point

▼

目標が曇っていないか、道のりは間違っていないか。メンタルの状態はいいか、使い方は間違っていないか。目標とメンタルの総点検をしよう。

メンタルの状態を知る、チェック項目

メンタルを構成する要素は「思考」「感情」「行動」の3つでした。

モチベーションを上げる時や、落ち込んだ時、踏ん張れない時など、実際に私がメンタルに問題を感じたら、この3つのうちのどれが問題なのかを考えます。

説明するにあたり、例を出します。

1つは「自転車に乗れない子ども」です。自転車に乗れなかった子どもができるようになる過程には、メンタルの「思考」と「感情」があります。

もう1つは「早起き」です。こちらは「行動」を説明するのにとてもわかりやすいです。

具体的にみていきましょう。

「思考」のポイントとは？

補助輪なしで、はじめて自転車に乗ろうとしている子どもがいます。

そばには、その子をサポートするために親もいます。

練習をはじめてみると、子どもは転倒するのが恐くて、ヨロヨロとしています。

親もハンドルを一緒に握って、操作を教えます。

時には、安定するように途中まで自転車の後部に手を添えて、バランスを取ってあげるなどの手助けをします。

転倒したり、うまく操作ができなかったり、それでも次第に上達していくものです。

子どもは、練習をくり返してようやく乗れるようになっていきます。

練習をくり返して上達する。

当たり前のことですが、ここで大事なことは何でしょうか?

練習をしている子どものメンタルのなかにある「思考」です。

もし、子どもが「僕は自転車に乗れるようになれるし、そのために練習しているんだ」と考えているとしたら、その子は、練習が身について上達し、やがて自転車に乗れるようになります。

一方で、「親に言われて嫌々だけど練習している」と考えている子どもだとしたら、どうでしょうか。

なかなか上達せず、すんなりと乗れるようにはなりません。

たとえ乗れるようになっても、前者にくらべて時間がはるかにかかります。

子どもが抱く「自転車に乗れるようになる」という目標に対して、どちらが達成に近づく、よい「思考」なのかは明白です。

子どもを例に出しましたが、よい「思考」は、アスリートとしても成功するメンタルです。

逆に悪い「思考」は、成功しないメンタルと言えます。

MP
Mental point
▼ メンタルの「思考」には、「よい」「悪い」がある。「よい思考」は、目標へ進む力がある。「悪い思考」では目標へとたどり着く道のりが遠くなるとおぼえておこう。

「感情」のポイントとは？

練習のすえ、ようやく自転車に乗れるようになった時、子どもは「やった～！」と喜ぶものです。

そんなわが子を見た親からは、「すごい、すごい」とほめられます。すると、子どもは得意になって、もっと長い距離を走ろうとしたり、スピードを出そうとしたりします。

自転車を乗れるようになるという目標だったはずが、一段上のレベルへと進もうとしているのです。


よい「思考」で練習に励んだ結果、目標を達成できました。

その時にしっかりと喜びを感じたり、まわりから評価されると、モチベーションはグンと上がります。

すると、次の目標ができたようです。

これは、よい「感情」です。

反対に嫌々練習するという悪い「思考」のなか、なんとか自転車に乗れるようになった子どもはどうでしょう。

きっかけは、親の期待に応えようとしただけですから、無事こなせたところで目的は達成できました。

「感情」としては、乗れたことよりも練習が終わったことに、ほっとしているだけではないでしょうか。

ひょっとしたら、親が正しくほめてくれて、もっと乗りたい気持ちになっているかもしれません。

でももし、練習中に親から「そんなこともできないのか」と言われていたとしたら、目も当てられません。

子どもは恐怖心に駆られながら練習をすることになるので、せっかく乗れるようになっても「できて当たり前なんだ」と思うだけでしょう。

これではモチベーションはまったく上がりません。

次のステップに行く気にはなれないでしょうし、自転車そのものが嫌いになってしまう可能性もあります。

子どもが自転車に乗れるようになった事実は同じですが、「思考」の時にあった違いよりも、「感情」面（モチベーションなど）では、より大きな違いが生まれてしまいました。

それは、そのあとの行動にも違いが表れてきます。

よい「感情」の子どもは、もっと上達しようと意欲がわくのに対して、悪い「感情」の子どもは、自転車に対する関心が薄れていくのです。

MP
Mental point

▼何かをした結果で生じるのが「感情」。「感情」次第で、次のステップに行く行動が決まる。また、「思考」のよし悪しによる結果の差は、「感情」のよし悪しによって大きな差になる。

「行動」のポイントとは？

「行動」を説明するには、「早起き」を例にします。

そもそも「行動」は目標を達成するための「行動」です。見当違いの「行動」をしていては、目標を達成できません。

毎朝早く起きて練習に行くという目標を持った人がいるとします。

でも、その人は早起きが大の苦手です。これまでも同じ目標を立てたものの、何度か失敗しています。

今回こそ達成したいと思っていますが、朝に目覚まし時計の音を聞いても、なんだかだるくてベッドから抜け出せません。

すると練習に行くことも面倒に思えてきました。

こんな時は、とりあえずできる「行動」の目標に切り替えます。

私達は子どものころから、親にしつけられて、嫌なことや緊張すること、苦手なことをする時に「こうすればできる」という「行動」を自然と身につけています。

それは「ルーティン（習慣）」となっているごく簡単な「行動」です。

朝起きたら顔を洗う、などもその1つでしょう。

ルーティンの「行動」は、簡単なのが重要なのです。

だからこそ、早く起きるのを邪魔する「眠い」「だるい」という気持ちを払拭し、次の「行動」へと移せるのです。

早起きが苦手な人が、ひとまず無理矢理にでも洗面所に行って、冷たい水で顔を洗う行動をすると決めました。

目標は、「早起きして朝の練習に行く」から「朝起きたら顔を洗う」という「行動」に変わっています。

そのため、顔を洗ったあとに眠ければ、またベッドに戻ってもいいのです。

ところが、実際にその「行動」をしてみると、意外に目が覚めて、何となく気分もすっきりします。

行動自体を簡単なものに変えた、その結果、目が覚めて、「朝の練習に行こうかな」という気にさえなってしまうのです。

実はこれもメンタルで、「行動」と定義するものなのです。

「行動」とは、目標を達成するための具体的な行動です。

なかでも、ルーティンの「行動」は苦手なものなどを前にした時、モチベーションのアップや維持に必要不可欠なものです。

もっといえば、この「行動」をルーティン化してしまえば、苦手だったものが苦手でなくなります。

しかし、そう意識して、１つの「行動」を行なっている人はなかなかいないため、本当に必要な時に応用できないのです。

モチベーションが上がらない時や苦手なものがある時は、早起きの例のような、ちょっと頑張ればできる簡単なルーティンの行動を使うといいわけです。

MP
Mental point

▼ メンタルの「行動」は、目標を達成するための「行動」なので、正しく使いたい。苦手なものに立ち向かう時には、ルーティンの「行動」を使えば苦手でなくなる。

「思考」「感情」「行動」がよいか悪いか

メンタルの３つの要素の特徴をひと通り説明しました。

「よい思考」「悪い感情」などと具体例をあげましたが、そのポイントは「目標」に対して「よい」か「悪い」かです。

そして「行動」は目標に向かっての「行動」なのかどうかが、よし悪しの基準です。また、「行動」は便宜的に「目標」とすることもできます。

いずれにせよ、「よい」状態というのは、メンタル、目的ともに問題がない状態です。

私達が、目標を達成できず、途中でくじけてしまうのは、メンタルの「思考」「感情」「行動」、そして「目標」の状態が「悪い」ということです。

これは、具体的なケースを見ながら説明しましょう。ぜひ、第2章からの強化メソッドをご参照ください。

本章では、もう少しメンタルと目標についてその特徴や関係、そして効能の説明をしていきましょう。

メンタルがその人の「限界」を決める

アスリートは日頃から、今の能力以上のパフォーマンスを求められています。いつも体力や技術を上げるために、よりハードな練習が求められるのです。それは非常にハードな環境です。

目の前に「きつく」「つらい」環境があれば、誰もが躊躇《ちゅうちょ》します。

なるべくなら避けたいと思うものです。そんな状況を、乗り越えていくために、メンタルが必要になるのです。

アスリートたちは、メンタル面で最大限に何ができるかを常に追求していきます。

トップになればなるほど、それを意識的か無意識かは別にして、「思考」「感情」「行動」のポイントをおさえた形でやっています。

そうして生まれた強いメンタルに引っぱられて、練習に励むのです。その結果、体が作られ、技術が向上していきます。


メンタルトレーナーとして、アスリートを見て感じることが2つあります。

まず、能力うんぬんは大した問題ではないということです。

能力以上のことを求められた時に、それに応えられるメンタルかどうかが、問題だと思います。

もう1つは、メンタルの描いた「枠」の限界が、その人の限界であるということです。

単純な話です。

自分を国体レベルの選手だと思い、そこまでを目標にしていたら、そこで成長が止まってしまいます。メンタルで自分の可能性の枠を決めてしまっているのです。

目標がオリンピックだったら、心底オリンピックに行く自分を思い描いている選手だけが、必ずオリンピックに行きます。

「余の辞書に不可能という文字はない」というナポレオンの言葉がありますが、メンタルも一緒です。

ナポレオンの言葉の真意は、「どんな困難も乗り越えてみせる」というもの。まさしくメンタルそのものといえます。

メンタルは本来、無限なのです。

現時点では、実力がほど遠く、夢物語のようでもいいのです。

実際にオリンピックに出場する選手たちには、オリンピック開催の４年前の時点では、出場できるレベルに達していない選手が多いです。

極端に言えば、現時点の能力は関係なく、今からどこまで伸びるかが重要なのです。

MP
Mental point

▼

メンタルは無限のもの。不可能を不可能と思わず、余計な枠でメンタルを縛って、自分の可能性を小さくしないように。可能性は無限に広がっている。

オリンピックに出る選手は、無限の可能性を信じた人?

面白いことにオリンピックに行く選手達は、小さい時から「オリンピックに行く」と決めているものです。


小学生や中学生の時に小さな大会で優勝をしました。

まだ、自分が今後どれだけ成長できるかは、まったくわかりません。

県や全国大会になれば、もっと優秀なライバルが現れるかもしれません。

そんな、なんだかよくわからない年齢にもかかわらず、本気で「オリンピックに行く」と決めています。


目標は若い時から決めるべき、というわけではありません。

もちろんオリンピックをめざすぐらいならば、若い時から目標にしたほうが、伸びしろは大きいでしょう。

ただ、改めて言いたいのは、目標を決めるにあたって今の自分の実力は関係ないということです。

特に人生の「目標（ミッション）」となれば、なおさらです。

そして、目標を達成するためには多くの困難が待ち受けていること。

その困難を乗り越えて行く力になるのが、メンタルだということを知ってほしいのです。

あなたが心底「こんな人生を送りたい」といえる夢のような「目標（ミッション）」を立ててみましょう。

そこにたどり着くまでの具体的な小さな目標も思いつくだけ立てましょう。

大きな人生の「目標（ミッション）」に続く道が描けたら、まずは小さな目標をめざして進みましょう。たとえ、現時点で能力や技術が低くてもいいのです。

実現するための能力や技術を高めるのは、メンタルにおける「思考」と「感情」、「行動」を探求していけばいいのです。

MP
Mental point

オリンピックに出場する選手は、子どものころから「オリンピックに行く」と目標を設定している。夢のような目標にたどり着くための小さな目標を思いつくだけ立てよう。

メンタルをどんどん強くするのは「達成感」！

一般的に「メンタルが強い」と言われるアスリートには、「あきらめない」「折れない心」というようなさまざまな要素が備わっています。


では、メンタルをどんどん強くするにはどうすればいいのかというと、方法はたった1つ。

達成感を積み重ねていくことです。

達成感とは、今までできなかったり、ラクにはできない負荷のかかることをやりきった時に得られます。


朝、学校や会社に行っただけで達成感を感じる人はいません。

しかし、まったく知らない町や海外での待ち合わせ場所に、たった1人で試行錯誤しながらたどり着けた時には、達成感があります。

このようにちょっと頑張らないとできない目標をクリアして、達成感が得られると、自分に自信がついてきます。

この達成感をくり返していくことで、自信とあきらめない心が育っていきます。

達成感を味わうには、２つ条件があります。「ある程度のストレスもしくは負荷のかかる環境」と「自分にはできるという自己肯定感」です。

アスリート達は、日常的にきつい練習や試合をくり返して、いつも負荷のかかる環境にいるため、達成感を持つことができるのです。

また、アスリートには、これまでの競技人生のなかで「自分は行ける」「勝てる」「できる」と思える体験をしています。成功の原体験のようなものです。

この肯定感があれば、負荷のある環境にも自信を持ってチャレンジをし、その環境を打破して、達成感を味わうことができます。

実際にオリンピックに出場した選手に、中学の時に全国大会で優勝した体験をもとに、一気に活躍する選手もいました。

MP
Mental point

「ある程度のストレスもしくは負荷のかかる環境」と「自分にはできるという自己肯定感」。この２つがあれば、達成感を味わうことができる。

200本安打を積み重ねたイチロー選手のちょうどいい「目標」

ストレスのかかる環境と自分にはできるという自己肯定感の好例として、メジャーリーガーのイチロー選手があげられます。

彼は、実に絶妙な目標設定をして、達成感を作っていくことに成功していました。

メジャーリーグで年間200本安打という目標を立て、それを毎年達成していました。それは、もちろん普通の選手では大変なことです。

でも、イチロー選手の実力、それにともなう出場試合数などをあわせて考えると、200本という数字はコツコツと積み重ねていくうちに達成できそうな数字にも思えます。

もちろん、結果として何年もその目標を達成し続けたことは大偉業です。

さらにその間に、メジャーリーグの年間最多安打数の記録を塗り替えてしまうあたりは、もはや現実離れした偉業です。

また、何よりも打率ではなく、安打数を目標にしたあたりが絶妙でした。

積み重ねていって達成できるというのが、目標設定としてやりやすいのです。

どんなに調子が悪い試合でも、1本ヒットが出ることで目標へと近づいていきます。何試合かヒットが出なくても、また次の試合に向けて頑張る気持ちへと切り替わります。

もし打率3割を目標にしていたら、どうでしょうか。

好調時は大きく目標をクリアしているかもしれませんが、不調時になると打率はガクンと下がってしまいます。

長いシーズンを考えると、徐々に積み上がって行く数字と、シーズンが終わるまで、増えたり減ったりする数字と、どちらが気持ちが左右されやすいでしょうか。

打率で目標を設定していたら、達成できる時もあれば、できない時もあったのではないかと思います。

積み重ねていく数字でも、頑張っても無理だと思ってしまう、ありえない数字では同じことがいえると思います。

その点で、イチロー選手が何年も達成し続けた200本安打はやはり絶妙な目標設定だったのです。

このように、世のトップアスリート達は、「頑張らないとできないけど、必ずできる」という絶妙な目標設定をしているものです。そして、達成感を積み重ね、メンタルを強化しているのです。

MP
Mental point
▼
頑張らないとできないけれど、自分ならできるという目標設定を心がけよう。常にちょっと上の目標設定をクリアし、達成感を積み重ねることでメンタルは強化される。

達成感を得る前に挫折してしまう人へ

目標を掲げても途中で挫折してしまう人は、少なくありません。

この場合、最初の目標設定が間違っているのです。

達成感を得るためにも、最初からハードルを上げすぎず、必ず達成できる目標を設定しましょう。

挫折しがちな人なら、たとえば人より30分早く練習に行くことを3カ月間続けてみる。もしくは今より走り込みを1本多くする。

どんなささいなことであっても、雨の日や雪の日も3カ月間継続して達成すれば、大きな自信になります。

もし風邪気味で練習に行きたくなくなった場合、しんどくなったら途中で練習をやめてもいいとしましょう。

とにかく練習場まで行くと決めます。

ほとんどの人は練習場に行くことが億劫《おっくう》になっているので、行ってしまえば案外できるものです。

このような経験を1回でもすると、自分の挫折のパターンがわかり、乗り越えられると、「自分もできる」と思えるようになります。これまでの自分とは違うという、何か1つ「突破」したような感覚を得ることができます。

どうしてもきつい時は、とにかくジャージに着替えて、家を出る。

このようにハードルを下げてもいいのです。

とにかく、理由をつけて、何も行動しないことだけは避けましょう。

調子が出ない時は、本来の目標に比べて、ずいぶん小さな「行動」をすることを目標として、すり替えていいのです。

ただし、それは目標につながる「行動」であることが条件です。

小さな行動を1つずつ積み重ねていくことで、挫折は防げます。

他にも仲間や友人と一緒に行く約束をするなど、絶対に逃げられない環境を作るのもいいでしょう。

もし、モチベーションが下がってしまって、行動に移せなくなった場合は、自分は何のためにそれをやりたいのか、もう一度考えてみましょう。

スポーツのいいところは、筋トレをしたり走ったりと、いつもそれなりの負荷がかかっているので、達成感が作りやすい点です。

また、今までできなかった技ができるようになったり、記録を更新できたり、体をうまく使えるようになるなど、自分自身の成長が実感できます。

「今度はこうしてみようかな」とどんどん次の目標が見えてきて、実際にやってみたら、また達成感がある。

そうなったらしめたものです。

達成感が積み重なっていくと、自己肯定感が高まっていきます。そうやってメンタルは強くなっていくのです。

MP
Mental point
▼
挫折しやすければ、なるべく小さな「行動」を目標にして達成感を積み重ねていこう。友達をまじえて、逃げられない環境を作るのも大事。

意外と大成しない天才タイプこそ「人生の目標」を持とう

一般的に天才と呼ばれる人達は、少しやれば何でもできてしまうので、スポーツにしても大成する前に飽きてしまうことが少なくありません。

天才は飽きないものを見つけた時に「本物」になります。

私が担当した女子プロゴルファーもまさに天才肌で、子どものころから一度教えられると何でもできたそうです。

そんな彼女が、子どもながらも飽きずに本気で取り組んだのが、ゴルフでした。

「もっとうまくなりたい」「奥が深い」と言うので、お母様が指導者をつけたところ、見事に大成しました。

だから、何でもこなせてしまう天才肌の人であっても、自分がこうなりたいという人生の「目標（ミッション）」を見つけることが大切なのです。

どんなに身体能力が高くても、器用に技をおぼえる才能があっても、「これだ」と思える「目標（ミッション）」が見つからないと、いつまで経っても自分の「あり方」が確立できず、何にもなれないことがよくあります。

そのため、天才と言われて、早くからその能力を高く評価された人でも、大成しないケースがあるのです。

すぐに「目標（ミッション）」が見つからなくても、最初は「強くなりたい。カッコよくなりたい」といった単純な「目標」から入ってもＯＫです。

自分のなかのカッコよさをほどほどで終わらせないようにすればいいのです。

単純な「目標」を追求していくうちに、「プロになったらカッコいいよね」「日本代表になったらもっとカッコいいよね」というようにだんだんと自分のビジョンがハッキリと見えてきます。

いきなり大きなものを掲げなくても、方向性があることが大事なのです。

飽きっぽいと言われる人や、天才肌の人は、「今日はこれ」「今月はこれ」というようにもっと短いスパンで、目標を掲げれば、方向性を失わずにチャレンジしていけるでしょう。

MP
Mental point

▼

飽きっぽい人や天才肌の人こそ、早めに人生の「目標（ミッション）」を見つけよう。飽きないものを見つけられれば、本気で取り組むようになり大成する。

メンタルは国民性で違いが出る？

日本人はよく身体能力が、ほかの国にくらべて弱いといわれます。

一方で、リオオリンピックの陸上４００メートルリレーのように、団体競技になると思わぬ力を発揮するイメージがあります。

アメリカやジャマイカの陸上選手は、もともと日本人より身体能力で勝ります。

そういった人達と競わなければいけない日本の選手は、身体能力で劣る分、技術やチームワークで補うしかありません。

だからこそ陸上のリレー競技では、他国があまりやらないバトン練習を、それこそ０・０１秒でも短縮するために徹底的に練習するのです。

「個人」という考えのある欧米では、個の力で得られる結果に目がいきがちです。もっといえば、「ユー・アー・ヒーロー！（あなたがヒーローだ！）」と言われることに、一番モチベーションが上がるのです。

しかし日本人は、たとえ個人で金メダルを獲れる実力があっても、チームで勝つ、日本を国として一番にするという考えを優先する傾向があります。

リオオリンピックでは、体操の加藤凌平《かとうりょうへい》選手が種目別・平行棒の決勝で7位という結果に終わりました。

本来なら個人でメダルを獲るためにむずかしい技を入れた練習に取り組めたのに、団体での金メダルをめざして、種目別よりも団体用の練習をしていたのです。

それは団体の金メダルを獲りにいく、というチームの方針を大事にしたからです。

そして自分が決めたこと、自分の役割をやりきるということに対して、モチベーションが上がるのです。

ヒーロー的なメンタルというよりは、ある意味では、職人的なメンタルです。

どちらがいい、悪いの話ではありません。これはある意味で国民性といえるものでしょう。

ただし、あまりに没個性になるのはよくありません。それについては、次項で説明しましょう。

MP
Mental point

▼メンタルにも国民性がある。欧米にくらべると日本人は、個人でヒーローになるというより、チームでの結果を求める傾向にある。そのチームのなかで役割をまっとうすることで、よろこびを得ている。

日本人は夢を見づらい？

夢に向かって夢中になれる人は、いい意味で楽観的です。

逆に夢が見られない人は、変なところで頭がいい人です。

他にも夢が見られない人は「分不相応に成功したり、人と違った生き方をするのはよくない、あとあと悪いことが起きる」という日本独特の教育の影響を強く受けています。

子どものころによく聞いた、口裂け女の都市伝説には、この日本人的なメンタリティがよく表れています。

口裂け女の物語の根底には、

「整形をして自分だけきれいになろうとするなんておこがましい。整形に失敗して口裂け女となって、子どもの前で哀れな姿をさらすのが当たり前だ」

「身の程知らずの普通の人間が人よりも欲をかくと酷い目に遭う」

という日本独特の概念が根づいています。

でも、本来の人間の姿とは、自分が思っているよりも、はるかに自由でアクティブなものです。

口裂け女の都市伝説のような日本人的なメンタリティにどっぷりと浸かったり、がんじがらめに縛られていると、本当の自分の可能性を狭めてしまいます。

日本人的な都市伝説からは、「そんなものは関係ない」といち早く解放されたほうが勝ち。そうすれば、今よりもっと上に行けたり、自由に生きられるのです。

誰でもない人の目を気にしながら、リスクを恐れて、本当の自分じゃない人生を生きるのはつまらない。

みんな本当は絶対に幸せになりたいし、よりよくなりたいものです。

また、どんなに多くを願っても、分不相応ということは一切ないのだと知っておいてください。

MP
Mental point

▼
突出することを好まない、日本人のメンタリティに染まらないように。思いっきり夢を抱くことに、分不相応ということはない。

金メダリストは自己肯定感が抜群に高い！

オリンピックで金メダルを取る、つまり世界一になるアスリート達には、どんな特徴があるのでしょうか。

実は、自分が大好きで、自己肯定感が抜群に高いです。

トップアスリートには、エリートタイプと叩き上げタイプの2種類がいます。

エリートタイプは、幼いころからまわりの人達に天才だと言われて育ち、自分自身もそう思っています。でもそれを鼻にかけるような人達ではありません。

みなさん、シャイで謙虚で人間的にもいい方ばかり。

ところが面白いことがあります。

「本当にすごいですね」「素晴らしいですね」「天才ですね」というような賛辞を贈られても、本人は否定しないのです。

ニコニコしながらすんなり受け入れてしまうのです。

普通の人なら、そこまでほめられると何だか落ち着かなくなって、つい「そうでもないんですよ」とか「いえいえ、とんでもない」と言ってしまいますよね。
でも、その素振りさえなく、普通に「ええ」とか「まあ」と言うのです。

とはいえ、この行為は、ナルシストとも違います。ナルシストは人から見られることで、よろこびを感じる人達です。

金メダリストのエリートタイプの人達は、人から見られていなくても、トレーニングに取り組んでいる自分が大好きな人達です。

つまり自己肯定感が、非常に高いのです。

一方、叩き上げタイプは、いわゆる天才肌ではなく、子どものころは兄弟とくらべても、自分のほうが劣っていたりして、もともとの自己肯定感は高くありません。

ところが、高いビジョンや強い目的意識を持つことで、自己肯定感を上げていけます。

そして、叩き上げタイプは、「自分に負けたくない」という負けず嫌いの気持ちと自己肯定感が常にせめぎ合っています。

そのせめぎ合いのなかで、高い目標に向かって駆け上がっていくイメージです。

もちろん、叩き上げタイプだけでなく、エリートタイプも負けず嫌いの気持ちを持っています。叩き上げタイプと違うのは、その配合率だけ。「負けず嫌い」より「自己肯定感」のほうが、多いのです。

「自分に負けたくない」という負けず嫌いな気持ちと、自己肯定感。

どちらの配合率が多くても少なくても、この2つの要素は、人を上へと上げていくことができるのです。

MP
Mental point

▼

金メダリストには「自己肯定感の強い」タイプと、「負けず嫌い」タイプがある。どちらのタイプも双方の要素を持ち、「自己肯定感」「負けず嫌い」が上へと成長するポイントとなる。

正しく悔しがれば、成長のエンジンとなる！

悔しさは、人それぞれで感じる状況が違います。「試合に負けた」＝「悔しい」というわけではないんです。

たとえば、テニスなら格上の相手と戦ってばかりいると負け続けることになります。選手本人も「どうせ無理だろう」「負けてもしようがない」と思いながら戦っているので、そのうちに、負けても「悔しい」という思いに至りません。

私は悔しがらない選手には怒ります。

負けたことに怒るのではありません。悔しいと思わないことに怒るのです。なぜなら、試合に負けて悔しがらないと、次に絶対に強くなれないからです。

「負けて悔しい」と思う気持ちは、自分が勝つことが前提で、その勝負に臨んだということです。

だから悔しいのです。

その悔しさは、マイナスのエネルギーではなく、なぜ自分が負けたのか、次はどうやったら勝てるのかと考えさせます。

つまり、このあと成長するためのヒントを敗戦から学べます。正しく悔しがるから、人は強くなれるのです。

悔しさは成長するためのエンジンと言えます。

MP
Mental point

「悔しさ」は勝つことが前提のなかで「負け」たから起こる感情。だからこそ、なぜ負けたのか探求し、次の勝利につなげて悔しさを晴らそう。

圧倒的に戦力差がある試合で、メンタルは達成感を得られるのか?

高校野球では、ごく普通の高校生がプロ野球選手を多く輩出するような強豪校と戦うことがあります。

これはどうしようもないぐらいの実力差があり、試合では大きく点差が開くケースです。こんな状況の時、普通の高校生たちは強豪校との試合に、どのようなメンタルで臨むといいのでしょうか。

高校3年生にとって、高校野球はここで負けたら最後の試合です。

最初からあきらめてしまうのではなく、何とかひと泡吹かせたいと目標を掲げて戦うことが大切です。では、具体的にどんな目標にすればいいでしょうか？

目標はこうです。

負けてもまったく悔いが残らないぐらい、「これ以上はもう無理！」と思うぐらい、頑張った負け方をすること。

「相手はものすごいカーブを投げてくるけれど、よくボールを見て集中すれば、内野安打ぐらいいけるんじゃない？」

「パーフェクトなんて嫌だから、せめて塁に出よう」

「1点をもぎ取ろう」

と、みんなでいろいろとできそうなことを考えて頑張ってみる。

もちろん、力の差があるので、できないこともたくさんあるとは思います。

ただ、面白いものでいくら実力に差があっても、学生なので、1試合のなかに多少の気の緩みや隙《すき》は出てくるものです。

特にこちらが圧倒的に負けていて、相手がいい気になっている時には、必ずと言っていいほどチャンスは訪れます。

そのチャンスを活かして、塁に出たり、点をもぎ取るのです。

すると、負けていてもうれしくて泣き出す生徒もいます。

「先生、俺らすごくないですか！」と——。

おそらく強豪校の生徒達は、ゆくゆくはプロ野球をめざすようになり、普通校の生徒達は高校で野球は終わりになるでしょう。

でも、強豪校から死力を尽くしてもぎ取った1点は、生徒達の一生を支える達成感になるのです。

勝ち負けではなく、いかに今できることを全力で出し尽くしたか。

これが、次につながるのです。

レベルの差があればあるほど、試合中は「いいよ、いいよ！」「絶対いける！」と、ひたすらいいところを見つけてほめまくりましょう。

負けていても、そんな掛け声で「まだまだいける！」とチームは非常に盛り上がって、意外ともう1点取れたりするものです。

負けてもうれしくて泣いてしまうような負け方をすることです。

最後の試合にそこまで頑張れたら、「野球をやってきてよかった」「ここまでできたんだから、次はもっとできるだろう」と思えるようになります。

３年生には達成感だけ持って卒業してもらいましょう。この達成感が、新たな目標に向かう時の「自信」や「あきらめない心」につながります。

１、２年生には「悔しいから、来年はあのスピードのボールを打てるようになって大会に出よう」と次の目標を立てさせます。

スポーツは負け方が非常に大事です。それはビジネスでも一緒です。次につながる負け方をすれば、負けても強くなれるのです。

MP
Mental point

▼

圧倒的な戦力差のなかでも、自分ができる最大限のことを考えよう。最初からあきらめた負けとはまったく違い、できることをやった負けには、達成感が残る。

相手と戦うのではなく、自分のやるべきことをやる

かつて、バンクーバー冬季オリンピックのフィギュアスケートで、印象的なシーンがありました。

浅田真央《あさだまお》選手とキム・ヨナ選手が並んでインタビューを受けていて、「金メダルを取れますか」と聞かれていたんです。

確か、浅田選手は「負けたくない」とか「金メダルを絶対取りたい」という趣旨のことを答えました。

キム・ヨナ選手のほうは「金メダルは欲しいと思ってもらえるものでもない。絶対に大丈夫と言われても取れないのがオリンピックの金メダルだから、自分がそれにふさわしい人間であれば取れるんじゃないでしょうか」と話していました。

私は「これは、浅田選手に大変な戦いになるな」と感じました。

キム・ヨナ選手に気負いは感じられず、ライバル達のことも見ていません。

ただ、自分の演技に集中してやるべきことをやれば大丈夫、と感情を高ぶらせずにいるように見えました。

目の前の試合を自分との戦いととらえ、自分を整えることに終始していたんです。

一方の浅田選手は、相手に絶対負けたくないという闘争心を露わにしていました。マスコミやまわりにいる人達、そして国民が、キム・ヨナ選手とのライバル関係に注目していたのが影響した面もあるのでしょう。

相手を打ち負かすといっても、フィギュアスケートは個人競技です。

しかも、１対１の対戦形式の勝負ではなく、いかに自分の演技で高得点を出しながら、トータルの得点を伸ばせるかを競う競技です。

自分の最高の演技をどれだけできるかにかかっています。

つまり、自分との戦いで勝敗が決まるのです。

相手と戦おうとすると、逆に余計なプレッシャーが自分にのしかかります。

こんな時こそ、自分がやるべきことに集中するのが一番です。間違ってもまわりの人は、

「絶対に負けちゃだめよ」

「あの人だけには負けないでね」

と、いうような言葉を投げてはいけません。

その期待とプレッシャーで選手は、危険なメンタルの状況に気づけないまま、ライバルとの戦いに思考を奪われてしまっていたのではないでしょうか。

逆にまわりの人達が言うべきは、

「金メダルは狙いにいって、もらえるものじゃないから。今のあなたらしくいれば、それでいいのよ」

「自分がやるべきことを全部やって、その結果を受け入れて、前を向こうよ」

と自分に集中させる言葉なのではないかと思います。

そうすれば選手も「そうだよね」と思えて、目の前のことに集中できるはずです。

MP
Mental point

▼

試合は、常に自分との戦い。その試合で何を目標にし、それを達成できるかどうかが大事。相手に勝つことは、その結果でしかないと考えよう。

「チーム」のビッグマウスはおすすめ

サッカー日本代表の本田圭佑《ほんだけいすけ》選手が、かつてテレビのインタビューで「誰が何と言おうとW杯で優勝する」と言っていました。

私は個人のビッグマウスはおすすめしません。

個人のビッグマウスは、「俺は負ける人間じゃない。負けたのはチームメイトが悪い」という論法になりがちなのです。

こういう人がいたら、まわりからは「ふざけるな」と思われるだけです。

でも、本田選手のようなチームのビッグマウスはすごく大事だったと思うのです。

ブラジルW杯の前まで彼は「自分のチームはすごいんだ。優勝できるんだ」と言うことで、チームの価値を上げようとしていたのです。

また、「W杯で優勝」という大きな目標設定をしながら、本気でみんなの前で夢を語ることで、自分自身でその目標を達成するイメージトレーニングもしていたのです。

マスコミを通じて、チームのリーダー格が発言することで、チームメイトや日本中のサッカーファンと目標を共有できます。

実は、日本中が「どうせ優勝できない」と思っていると、そのイメージに引っぱられるように、チーム自体も優勝できないと思ってしまうものなのです。

思考はイメージが強いものに引っぱられる傾向があります。

「優勝してほしい」ではなく、「優勝できるんだ」と日本中が本気で思えば、チームも「優勝できるんだ」というムードになっていきます。


また、ワールドカップやオリンピックなどの大きな国際大会では、勝ち慣れていないチームは、大会の主役になれずに早々に敗退することが、よくあります。

また、その大会中は、各国のスター選手の活躍をただ眺めるだけの、「社会見学」になりがちです。

厳しいようですが、それは本気で勝とうとは思っていない結果ではないでしょうか。

「社会見学」をしているということは、その表れのように思えてしまいます。そんな行動をしているうちは絶対に強くなれないし、いつまで経っても勝てません。

チームが「社会見学」化しないためにも、アスリートとしてトップをめざすこと、そしてそれを公言することは大切です。

ブラジルW杯の日本は、グループリーグ敗退という残念な結果に終わりました。しかし、「W杯で優勝する」という目標で高められたメンタルがあったからこそ、アジア最終予選を突破し、W杯のグループリーグで死闘を演じられたのではないでしょうか。

チームスポーツのなかで、個人のビッグマウスは、「1人よがり」や「無責任」を生みますが、チームのビッグマウスで、チーム自体の価値を上げることによって、チームメイト達は「そう思ってくれているんだ」と考えるようになります。

そして、高められたチームの価値やチームへの思いが、極限のギリギリの戦いになった時に、最後まで踏ん張れる力になるのです。

MP
Mental point

▼チームのための「本気の」ビッグマウス。チームの価値やチームの思いを高める行動。目標に対して本気であれば、ギリギリの戦いになった時に踏ん張れる力を生み出す。

パニックに陥った時はできることに意識を傾けよう

試合直前に突然パニックに陥る選手は、意外といるものです。体操の選手なら、「先生、僕、どうやって飛んでいましたっけ?」と言い出すぐらいのパニックです。

こうなると、椅子に座ってもらって、深呼吸を3回してもらいます。それから自分の調子のよかった試合を思い出してもらい、具体的に試合の流れをイメージさせるのです。

試合の最初から最後までを具体的にイメージしたら、もう一度、試合をシミュレーションしてもらいます。

そうするうちに、選手は徐々に落ち着きを取り戻してきます。

でも、一度パニックになってしまった時は、演技がイメージしていたように、完璧にうまくいくわけではありません。

練習でうまくいかず、少し不安のある演技があれば、なおさらです。

そこで、練習でうまくできていないことはできない、と受け入れてもらいます。

その不安にとらわれないようにし、自分が確実にできることだけに意識を傾けるようにするのです。


イメージは強いほうに引っぱられるものです。

もし着地によいイメージがあるなら、完璧な着地を何度もイメージして、よいイメージを強化します。

すると、よいイメージに引っぱられて、パニックによって生まれた悪いイメージからリカバーできるのです。

MP
Mental point

▼

イメージは強いほうに引っぱられるもの。パニックに陥った時などは、深呼吸を3回して、過去にできたよいイメージだけをくり返しイメージし、悪いイメージを打ち消そう。

行動に具体的な意味と条件をつければメンタルは劇的に変わる

試合が一方的になると、負けている選手の表情は、いつもとても苦しそうです。苦しくなってどうなっているかというと、もう体がまったく動かなくなっています。そして声が出なくなっていきます。

負けているからこそ、声を出して、がつがつと動かなければいけないのに、です。だから、ますます試合は一方的になっていきます。

現在J1リーグを戦っているプロサッカーチーム、ベガルタ仙台のトップチームで、私がよく言っているのは、「声は出しているつもりになりやすい」ということです。

実際に選手達は、動いているつもりで、声もしっかり出しているつもりなんです。でも、試合展開が一方的になっていると、負けている側は、ある種のパニック状態に陥ってしまいます。

動いているかどうか、声が出ているかどうかの基準が、もうわからなくなっているのです。ここで、まわりがもっと声を出せと言っても効果は生まれません。先ほど述べたように本人達は、声を出しているつもりなのです。

そこで私は次のように言うのです。

「みなさん動いていますよね。敵にプレッシャーをかけに行ったり、揺さぶりに行ったり。そんなふうに動いている時と同時に、声を一緒に出してみませんか。大きい声とともに体を寄せてこられたら、相手の心象としては、もっとプレッシャーがかかると思いますよ」

こんなふうに言われて、「相手にもっとプレッシャーをかけられるのか…」と選手達が思ってくれれば、動きと声を連動させられます。

動いた時には声を出したほうが得だってインプットされるのです。さらに、選手に動きと声の条件付けを具体的にします。

「どうせ1メートル動くのだったら、そこで声を出したら相手には1・5メートル動いたように見えるかもしれませんよ」

そんなお得感を具体的に付けてあげると、がぜん動いて声が出せるようになります。

ただ単純に「声を出して」と言うと「出しています」と反論されますが、ちょっとした具体的な要素を入れて説明をすると、一気にできるようになります。

人は、具体的なところが見えないと、納得して行動することへとつながらないのです。

さて、ここまで言うと、「プレッシャーをかけにいく」「声を出す」というのがセットになってきて、自然と、動いて声を出すということができてしまいます。

するとあとで、監督が「あいつ今日は声が出ていたな、よかったよ」という評価につながるのです。

声につられて動きもよくなったりするものなので、「すごい。あいつ、最近いい動きをしているな」というよい評価の連鎖が生まれます。

監督がそう見えるということは、味方にも敵にもそう映っているということですから、本人の評価も上がります。

でも、よく考えてみてください。

もともと私が言ったのは、たかが「声」です。

声を出すだけで、めぐりめぐって評価が上がるなら、こんなお得な話はないでしょう。しかも動ける体になるために、つらい筋トレをするより、ずっと楽なのですから。

それにしても、そもそもなぜ、選手は声が出せなかったのでしょうか。

それは、声を出しても強くなれると思っていなかったからです。

当然ですが、選手はみんな強くなりたいと思っています。

筋トレやドリブル、シュート練習は、誰に言われるまでもなく、みんなやります。なぜなら、筋トレをやったら強くなれると体験してきているからです。

だからこそ、「声を出したほうが相手へのプレッシャーがかかる」「1メートルの動きだったのが、1・5メートルの動きに見える」と言うと、声を出すことが強くなるということにつながり、メンタルが劇的に変わって、行動するようになるのです。

MP
Mental point

▼

人は、意味やメリットを理解できないと、行動するメンタルへと切り替わらない。その意味やメリットは、より具体的に伝えていくのがポイントとなる。

第2章

練習・人間関係・コンディションのメンタル強化法

☑つらい練習をうれしい練習に変えるコツ。
☑リーダー必見！ チームをまとめるポイント。
☑ケガや体調不良はメンタルが生み出す!?

つらい・しんどい練習がうれしい練習になる方法

練習がつらくてしんどいから、嫌だという人がいます。

トップアスリート達によると、そもそも練習とはつらくてしんどいものだそうです。

アテネオリンピックの体操の金メダリストの米田功さんは、つらい練習のことを次のように評します。

「つらい練習をして筋肉痛になるとすごくうれしいですね。何だか『やった感』がありませんか？」

アスリート達は、つらくてしんどい練習をすると、自分が強くなれることを体験的に知っているのです。

もちろん私達と同じように、アスリート達もつらくてしんどいはずです。そして、しんどいことが特別好きなわけではありません。

でも、強くなるために練習しているので、練習はつらくてしんどいほうが、効果が出ていいと思っています。

トップアスリートは「筋肉痛を感じる時は、筋肉を使っていることでより強くなれる」「息が上がってしんどい時は、心肺機能が強くなっている」と思っています。そんな思いを持って練習できるところが、私達との大きな違いです。

「つらくてしんどい」＝「嫌だ」ではなく、「つらくてしんどい」＝「強くなれる」「上手くなれる」という思考回路に変えていきましょう。

米田さんは言います。

「僕は『つらいからやめます』と言う意味がわかりません。つらいことと、やめることは別物ですよね。僕はやめたい時はやめるけど、つらい時はやめないです。つらい時は『ここ、頑張るところ』と思うだけです」

さらに、

「僕はケガをして病院に行っても、練習は休まないです。足のケガをしても上半身のトレーニングはできます」

とも言いました。

「ケガをしたから、とりあえず休む」ことの「とりあえず」という考え方は、一流のアスリートになれない思考パターンだそうです。

「つらい」イコール「やめる」という思考回路を作らないよう、気をつけてください。

MP Method.01

「つらくてしんどい」からこそ、乗り越えたら「強くなれる」「上手くなれる」という思考回路に変換しよう。「つらい」ときこそ、「頑張るところ」です。

めざす結果が見えれば、練習は楽しくなる!

練習がつまらないのが悩みという人がいます。

意外と盲点ですが、そういう人は自分の実力と比較して簡単すぎることをやっている可能性があります。

誰でも簡単なことをやっていたら、楽しくないし、退屈になるものです。練習がつまらないと感じる場合は、練習を自分の能力より、やや上のレベルに上げたほうがいいでしょう。

もう1つは、冬季練習などの地道な練習がつまらないという人がいます。

冬季練習では、基本的な体作りやスタミナ作りばかりをやりますから、しんどいわりにつまらないことが多いものです。

試合がやりたくて競技をしているのに、本番の華やかさやダイナミックさがない。でも、この冬季練習は、シーズンに入ったら利いてきます。

たとえば、テニスなら冬季練習をしっかりしていないと、試合の後半でスタミナが切れてしまいます。

シーズンに入ったら、試合が続くので、体調を調整するだけでスタミナ作りをするような時間の余裕はありません。

つまり、シーズン中の９カ月間の成績のすべてが冬季練習のわずか3カ月間の内容で決まるのです。

テニスであれば、冬の間にきちんと走り込んでおけば、試合の後半にスタミナが切れて、あと一歩ボールに追いつけなくて負けることもありません。

また、肩まわりの筋トレをしておけば、スピードのあるボールを打ち返せるでしょう。

地道な練習がつまらないと感じる時は、試合とどう結びついているかをイメージするようにしてください。

MP Method.02

練習に何を求めるのか、そこで得られるだろう成果は何か、しっかり見直しましょう。めざす結果へのプロセスが見えていれば、地道な練習もこなしていけます。

やりきることで練習の質はグンと上がる!

練習の質を上げたい人は、まず始めに何のためにやりたいのか考えないと、質はなかなか上がりません。

しっかり考えたうえで、自分の目標を明確にしたら、決めたことを絶対にやりきることが大事です。

健康のために減量をしたい人がスポーツジムのランニングマシンで60分走ると決めました。とにかくマシンを60分に設定して、走り終えるまで降りないようにします。途中でスピードを変えてもいいし、歩いてもいいけれど、止まってはいけません。

最初はきつくても、１カ月も経てば、それなりのスピードで走れるようになります。

多くの人は、走りきらずに途中でやめてしまうから、いつまで経っても力がつかないのです。決めたことをやりきることで、練習の質は上がっていきます。

団体競技の選手に多いのですが、チームが練習をしているから自分だけ途中でやめられず、何となく時間をつぶしている場合もあります。

この場合は、何のために練習しているか考えて、練習の１本、１本を大事にイメージしながらトレーニングすれば、質は変わります。

練習は数をやることがゴールではありません。メンタルを使って、質を上げることが大事なのです。

MP
Method.03

練習がつまらないのと同じで、めざす結果を明確にしましょう。そして、決めたことは必ずやりきること。「やりきること」で力がつき、レベルも自然と上がってきます。

弱音や悪い言葉は、パフォーマンスを落とす危険信号

弱音を吐くということは、弱音が吐けるだけのゆるい環境があるとも言えます。実際には弱音を吐けないほど、集中してやらなければいけない環境にいれば、練習して上達できるのです。

とはいえ人間ですから、弱音や不平不満を口に出したり、心のなかで抱いてしまうのも無理はないです。

メンタルトレーニングのなかには、自分のなかでモヤモヤしているものや嫌なものは吐き出す「クリアリング」という作業があります。

実は、このクリアリングの観点から言うと、嫌なことは嫌と心のなかにあるものを吐き出したほうがいいのです。

ただ、学生の場合は、真面目に練習をしていないように見せかけたい、ファッションのような感覚から、「だるい」「うざい」「最悪」などが口グセになっている人がいます。

私が過去に担当した選手のなかに「最悪」が口グセの大学生の体操選手がいました。

彼は「最悪」とよく言うので、「あなた、最悪の意味は知っているの。何が最悪なの？」と聞きました。

「手のマメがつぶれました」

「それが最悪なのですか。言葉は重要だから、あなたが『最悪』と言っていると、もっと最悪なことが起きるし、強くもなれません。『最悪』という言葉を自分で自分の脳に刷り込んでいることになるからです」

「じゃあ、嫌なことがあったら、何て言えばいいんですか」

「嫌なことがあったら、『最悪』とか『うざい』と言わずに、『ちょっと嫌なことがありました』と言うぐらいにしておいてください」

それ以来、彼は「最悪」と言わなくなり、まったくの無名の選手だったのが世界選手権に出るまでに成長しました。


このようによくない言葉を発すると、その言葉に引っぱられてしまったり、自分自身が言葉にまみれてしまうのです。

役者さんが芝居の役になりきると、演じた役からなかなか抜け出せないという話をよく聞きます。

台詞をその役どころになりきってしゃべっているだけでも、その言葉にメンタルが引っぱられるものなのです。

ましてや自分が考えて発した言葉なら、もっと引っぱられて当然です。安易に悪い言葉を使わないよう、気をつけましょう。

弱音を吐きたい場合は、3分間と決めて、時間内に全部言いきります。

ただ、慣れない人にはむずかしいので、ノートに書くようにしましょう。まず「嫌だ」「うざい」というような今の自分の気持ちを書いて、何でそう思うのか理由を書いていきます。

書くことで自己探求もできます。

これは競技のことだけでなく、まわりとの人間関係や、恋愛のことなど、何でもOK。試合の結果にも影響をおよぼすことなので、モヤモヤとしたものを持っていて集中できていないようであれば、トップアスリート達にもクリアリングはやってもらっています。

また、監督に対して選手が嫌な感情を抱くケースもあります。そんな選手のパフォーマンスは当然落ちてしまいます。こんなこともありました。

「監督が嫌なんです」

「何が嫌なんですか?」

「ダラダラしていて怒られたから。監督は僕のことを気にかけてくれないんです」

「そう、嫌なんじゃなくて気にかけてほしいんですね。監督に気にかけてもらうには、何をしなきゃいけないと思いますか?」

「やっぱり、強くならないと気にかけてもらえない」

「じゃあ、強くなればいいですね。強くなるにはどうしたらいいですか?」

「練習する。でも、練習の組み立て方がわからないんです」

「じゃあ、監督に聞きにいけばいいのではないですか?」

「えー、僕の言うことなんか、どうせ聞いてもらえません」

「監督に『さっきはすみませんでした。今、練習のやり方がわからなくて、どうやったらいいのか教えてください』と言えばいいんですよ」


彼の話をよくよく聞いていくと、監督が嫌だというよりも見捨てられたんじゃないかと不安になっていたんです。

実際、監督に聞きにいくと、監督は当然、彼のやる気を感じられてうれしいし、いろいろと教えてくれます。

このように実は弱音のなかには、解決の糸口がちゃんと埋まっているのです。

セルフメンタルトレーニングをする時は、今の気持ちを書いて、なぜそう思うのか、何ができるのかを書き出していきましょう。

そうすれば、自分のなかに漠然とあったモヤモヤしたものや、嫌なものが具体的なものに変わっていくはずです。

MP Method.04

弱音は、ノートに書きとめよう。なぜ、そう思ったのか。原因は何か。文字にしながら、冷静に考えると解決の糸口が見つかります。

モチベーションを保つためには「行動の目標」に切り替える

どうしてもモチベーションが上がらないという時があります。

これは目標が大きすぎる時や、やってもやっても強くなっている実感がない時に起こり得ます。

人間、成長している時はモチベーションが高くなるのですが、成長を感じられないとモチベーションは低下していきます。

一方で、意外と上達しているかどうかがわからない時期もあるものです。

そこで、「試合に勝つ」「上達する」などの結果の目標ではなく、「毎日素振りを50回する」などの行動の目標に変えてしまいましょう。

行動の目標にすれば、無理なく達成できて、モチベーションが保てます。

達成感を知るアスリート達は、地道な練習を乗り越えたら、結果はあとからついてくることを知っています。

しかし多くの人は、それを体験として知らないので、つい心が折れてしまって、やめたくなってしまうのです。

もう1つは目標が大きすぎて、今日の練習と結びつけられない場合は、モチベーションが保てません。

体操の米田さんが言うには「オリンピックの3カ月前に頑張るのは当たり前。でも、4年前から頑張るかどうかで結果が決まるんです」と。

私達は、今日の練習が4年後のオリンピックにつながっているものだとはなかなか想像できません。

でも、今ここで手を抜いて、「まだ4年ある」と言っている人はオリンピックには行けません。4年前の今だからこそ、3カ月前の気持ちで練習した人だけがオリンピックに行けるのです。

オリンピックの3カ月前の気持ちで、今日の練習にどれだけ打ち込めるかが大事。「本番の3カ月前は誰もが必死にやっているので、差がつかない。でも、4年前の今日だったら差がつく」と思えば、モチベーションが保てるはずです。

あとは、目標から細かく逆算していくと、たいてい時間が全然足りないことに気づくものです。


本気で目標にコミットしている人は、クリスマスもお正月も休みません。

4月の開幕戦に向けて、3月に最終調整する必要があるなら、年末年始には体を仕上げておかないと間に合わないのです。

このように目標に対する日々の練習の重要性と、時間が足りてないことがわかったら、モチベーションが下がることもないのです。

MP
Method.05

モチベーションが保てないのは、目標が大きすぎるか、達成感を感じられないから。無理なく達成できる「行動」を目標にするか、目標までの道のりを逆算することがおすすめ。

チームがまとまらない４つのコミュニケーション

団体競技の場合、まとまらないチームは勝てません。チームとしての総合力がなければ、試合には勝てないのです。

単純に、個人のパフォーマンスを積み重ねていった、または集めたのがチームの総合力ではありません。

個人のパフォーマンスを何倍にも引き上げる力、「チーム力」があって、チームの総合力になります。

では、「チーム力」とは何でしょうか？

「コミュニケーション力」と「チームへの思い」です。

コミュニケーション力とは、目的を共有すること。チームへの思いは、たとえばロンドンオリンピックの水泳チームが「康介さんを手ぶらで帰らせるわけにはいかない」と言った、あの雰囲気や思いです。

これには北島康介というカリスマ的な選手に何かしてあげたいという後輩達の思いが伝わってきます。

また、チームのなかで健全なコミュニケーションが起こっていたと想像できます。

逆に不健全なコミュニケーションとは何かと言うと、いくつかあるので、以下に記していきます。

①上の立場の人にまったくものが言えない状態。
②誰かを生贄にして、「あいつはだめだよな」などとバカにすることで、コミュニケーションをとること。これは心理学では「スケープゴート」と言います。
③チームのなかで影響力のあるキャプテンと副キャプテンなど、実力がある2人の仲が悪

いこと。チームはリーダー格のメンタリティに引っぱられるので、２人の仲が悪ければ、当然弱くなるのです。

④チーム内で起こりやすい「前進しない仲良し」。これは「監督にしかられたんだ」「ひどいよね。気にしなくていいよ」などと話し合う、成長の妨げとなる人間関係のことです。自分達にとって何の成長にもつながらない会話で仲良くなっていても意味がありません。もし監督にしかられたのであれば、本人は反省して何が悪かったのかを振り返るべきです。まわりは何も言わずにそっとしておくのが優しさなのです。

これらが起こっていない状況は、健全なコミュニケーションと言えるのですが、案外いずれかが当てはまってしまうことが多いものです。

もしあなたがリーダー的立場で、選手が監督にまったくものが言えない状態なら、サブの立場にあるコーチと選手がミーティングする機会を設けてもいいでしょう。

チーム内で誰かをスケープゴートにしたり、「前進しない仲良し」のような言葉が飛び交っていたら、「そういうことはしないように」とはっきり言えばいいのです。

仲が悪い2人がいれば、「しっかり目的を共有して話し合って」と積極的に2人の関係を取り持ちましょう。

MP Method.06

不健全なコミュニケーションに陥らないように注意。チームメイトのよいところをほめ、チーム内で認め合うことで、良好なコミュニケーションとチームへの思いが生まれます。

リーダーシップを発揮するコツ

チームが目的を共有するのは、とても大切なことです。

アテネオリンピックの体操団体で金メダルを取った米田さんは、キャプテンとしてチームメイト1人1人に聞き続けた言葉があります。

「どうしたら金メダルが取れると思う?」

そうすることでみんなと目的を共有し、それぞれが自主的に考えて行動するようになりました。また、キャプテンという上の立場の人に問いかけられたことで、意見が言いやすい環境になります。

普段から健全なコミュニケーションを行うための簡単なコツがあります。それは相手のよいところをちゃんと見つけてほめることです。

チーム内で認め合う雰囲気がチームを前向きにしていくコミュニケーションのベースになります。そしてチームへの思いも生まれてきます。

サッカーだと得点したらお互いをハグして讃えあいます。

チーム力で勝負しなければ勝てないと長年言われていた日本代表もW杯の南アフリカ大会では、真の意味で「個のパフォーマンスも大事だが、チーム力が大切」だということを実証できていました。

個のパフォーマンスだけでは限界がありますが、チーム力を高めていけば、総合力が上がって勝てるようになります。

これからはチーム力を高めるリーダーが求められるはずです。

MP
Method.07

リーダーはチームが目的を共有できるようにチームの健全なコミュニケーションを行なおう。そのコツは相手のよいところを見つけて、「ほめる」こと。

リーダーは背中でも語るもの

キャプテンや監督という組織のリーダーは、チームの目標を掲げることが重要です。

体操の米田さんの場合、「団体で金メダルを取る」と決め、上から目線で言うのではなく、どうしたら金メダルが取れるかチームメイトのみんなに問いかけながら、勝てる方法を考え続けました。

さらに彼は後輩からエース、ベテランに至るまで、チームメイト全員を絶対にほめていました。

彼は「アテネのチームは最高なんです」とたびたび言っていました。

ゆるい空気で練習することを避けるため、誰よりも早く練習場に行きました。

真っ先にハードな練習に取り組んでいる姿を見せていたら、みんなも競うようにして取り組んでくれたそうです。

後輩が偏《かたよ》った練習メニューをしている時は、本当に必要な練習を一緒に居残ってやっていました。

つまり、理想のキャプテンとは、チームの先頭を切って走れるかどうかなのです。

チームの後輩達は、監督やコーチに憧れるのではなく、キャプテンに憧れるもの。キャプテンの仕事とは、「一番いい背中」を見せることなのです。

MP
Method.08

チームの選手達は、キャプテンの姿を見て動くもの。キャプテンは、常にチームの先頭を切って走り、目標となる背中を見せなければいけない。

理想のリーダー像に共通するのは、雰囲気作りのうまさ

読売ジャイアンツの監督だった原辰徳《はらたつのり》さんは、監督就任時から「ジャイアンツ愛」という言葉を掲げました。

これはチームの価値の創造であり、組織のアイデンティティでもあります。

昔の王・長島時代なら、「何が何でもジャイアンツ」といったところがありました。

それが時の移り変わりとともに多様な個性が現れ、トップブランドがトップブランドではない時代になりました。

そこで、「ジャイアンツ愛」というチームの価値を掲げたのです。

「愛」ですから、ナンバー1である必要はありません。

その点で、どのチームや組織にも応用できる、ブランド力の創造です。


原さんは、選手達に練習の時にもきちんと帽子をかぶらせるようにしました。

「ジャイアンツの選手なんだから、練習の時も身なりをきちんとしよう」と。

原さんが、ことあるごとに選手達に「ジャイアンツの選手なんだから、自覚を持とう」と指導するのは大きなポイントです。

選手達にこれが浸透すると、チームのブランド力が強固になり、みんなが加わりたい、働きたいと思える組織になっていくのです。

また、原さんは選手がホームランを打った時に、こぶしとこぶしで「グータッチ」をすることでも知られました。

ハイタッチとは何が違うのでしょうか?

流れ作業のようにやるハイタッチとは違い、原さんのグータッチは選手の目をよく見て、

「よくやったぞ」としっかりと認めるのです。

やはり、選手達は監督から、評価されたいものです。

監督の目を見て、そのパワーを感じながら、きちんとほめられることで、「このすごいチームにふさわしい、素晴らしい自分」という自覚が芽生えます。

監督が掲げたチームの価値「ブランド力」と選手を評価する行為がチームによい雰囲気を生み出します。

このようにチームのブランド力と、選手の自己肯定感を上積みしていくために監督がほめることは、とても大切なのです。

監督にもさまざまなタイプがいて、「チームを燃やす男」もいます。東北楽天ゴールデンイーグルスをはじめ、さまざまなプロ野球チームで監督を務めた星野《ほしの》仙一《せんいち》さんは、その典型でしょう。

彼は一般的に「燃える男」と言われていますが、私は熱く抗議したり、怒ったりすることで、選手達を奮起させる「燃やす男」だと思います。

監督の仕事とは、選手達の戦いやすい空気を作ること。

彼は選手達の気持ちを代弁するように怒ることで、チームの気持ちを1つにまとめていたのです。

それに応えようとチームと各個人が奮起し、チーム力や個人のパフォーマンスを高めているのです。

サッカー日本女子代表、いわゆるなでしこJAPANの監督を長年務めた佐々木則夫《ささきのりお》さんは、今までの日本にはなかったタイプの強いチームを作った監督だと思います。

2011年のサッカー女子W杯の決勝のPK戦で澤穂希《さわほまれ》選手が「PKは苦手だから、最後にして」と言ったら、佐々木監督は「わかった」とあっさり了承しました。

ワールドカップの決勝という重要な場面です。普通の監督であれば、「キャプテンのお前が何言ってるんだ。ビシッと決めて、若い選手達に手本を見せろ」と言い出してもおかしくないシーンです。

一番大事な時にキャプテンの逃げを許すことに大変驚きました。

もちろん、澤選手も言える雰囲気があって、多分OKをもらえるだろうから言ったと思うのです。

この場面だけでも、佐々木さんが普段から選手達の目線を大事にし、伸び伸びと育てていることがうかがえます。

そして、おそらくPKでガチガチに緊張するタイプと、「私、いけまーす!」と難なく蹴れるタイプも見極めていたのだと思います。

監督の仕事は、チームを勢いに乗せることです。

日本人はどうしてもつらくて厳しいのに耐えることが好きなのですが、そこがゴールではありません。なでしこのように笑っていても強くなれる空気を作ればいいのです。

MP Method.09

▼ 選手が憧れるブランド力。選手の気持ちを外にアピールする力。選手と同目線の付き合い方。チームを1つにまとめる空気作りは、厳しさだけではできないもの。

采配や指示への疑問を持っていると、メンタルが弱くなる

試合で監督に使ってもらえない状況なら、「自分はもうだめだ」と思わずに、直接理由を聞きに行ったほうがいいです。

監督に「勉強のために教えてください。何で使っていただけないのでしょうか」と素直に聞けばいいのです。

どうして使ってもらえないのか、何がだめなのか、それを決める人から話を聞くという単

純なことです。

監督からは「ピンチに弱いから本番で使えない」「戦術の問題で使い分けている」など、いろいろな理由が聞けるはずです。

監督にしてみれば、能力の高い選手は使いたくて仕方ないはずです。

監督の使わない理由は、選手にとって一番の課題となり、課題を知れば、改善するための練習に取り組めます。

理由を知らないまま、自分のなかに不満や疑問を抱えていると、自分のなかで被害者意識のようなネガティブな感情がどんどんふくらむばかりです。そうして、ますますメンタルが弱くなってしまいます。

もし、監督の采配や指示に疑問を感じたら、すぐに聞きに行きましょう。

MP Method. 10

▼

監督への不満や疑問は、すぐに聞きにいくこと。被害者意識のようなネガティブな感情は、メンタルを弱くしてしまう。

自分のミスで試合に負けてもトラウマにしない

自分のミスでチームが負ける。これは何よりつらいものです。取り返しがつかないことをしたと、心が重く沈んでしまいます。

サッカーW杯などの重要な大会で、最後にＰＫをはずして、意気消沈する選手を見ることがあります。

でも、誰でもミスをすることはあって、しようがないことなのです。

たまたま競っている時にミスをするから負けてしまったのであって、競っていない時のミスであれば勝敗に影響はないのです。

ここで大切なのは、ミスを一生に残るトラウマにしないことです。

知っていてほしいのは、「試合での失敗は、人生の失敗ではない」ということ。

緊張で体が硬くなって、思うようにボールの飛距離が伸びなかったり、コントロールがブレてしまうのであれば、極限の状態でも力まずに蹴れるメンタルが課題となります。

ミスした理由がわかれば、それを改善していけばいいのです。

自分が一流だとしたら、相手のゴールキーパーも一流といえます。

自分なりに考えて、もっともいいシュートが打てたけど、相手もうまいからコースを読まれてしまった。そんな場合は、もはやミスでも何でもありません。

自分のなかでやれるだけやって、負けてしまったのであれば、それは相手がよかったということ。

人生、どうしようもないことは、受け入れなければいけないのです。

大切なのは、そこで被害者意識にまみれて立ち止まってしまうのではなく、受け入れて前に進むことなのです。

MP Method.11

試合でのミスは人生のミスではない。ミスとなった原因がわかるのなら、それを課題にする。やりきった結果であれば、相手がよかったと受け入れよう。

ケガや体調不良が多いのはメンタルの影響が大きい

ケガや体調不良に関する悩みは、メンタルが大きく影響しています。そう言う理由は、大きく2つあります。

1つは練習が厳しくて休みたくても休みたいと言えない選手は、ケガや体調不良を起こしてしまいます。本当に厳しい練習かどうかは別の話で、ポイントは、選手が休みたいと思ってしまっているところです。

選手のモチベーションが下がってしまっていて、練習に集中できず、休みたいと思うと、無意識にケガなどを引き起こしてしまうものなのです。

ケガや体調不良はメンタルが原因といっても過言ではありません。

ケガや体調不良を起こした人のメンタルが弱いと言っているわけではありません。「休みたい」という気持ちが原因にある場合とは、逆のケースもあるのです。

2つめは、練習を休まなければいけないのに続けることで、腱を切るなどのケガをする人がたくさんいます。

特にベテランでメンタルの強い選手は、意思が強く、痛みにも耐えられるので、体が負荷に耐えきれずに先に壊れてしまうのです。

選手達は、常に体に痛みを抱えていて、「腱が切れる痛みと切れない痛みの違いがわからない。でも、腱が切れない痛みであれば練習したい」と言うのです。

ケガや体調不良に悩む人は、この2パターンのケースがあります。

両方とも真面目で手を抜けないところが特徴です。

前者の場合は、どうしてもモチベーションが上がらない時は、休む口実をうまく作って、早めに切り上げるようにしてください。

おすすめは、年3回まではパスをしてもいいと決めること。

休みがゼロで疲れが取れなくてきつい時や、モチベーションが上がらない時は、思いきって休むようにしましょう。

そうすれば、集中できずにダラダラしないし、「絶対に休めない」と追い込まれることもないのです。

後者の場合は、オリンピックなどの大きな大会の前にオーバーワークによって起きることが多いです。

筋肉は鍛えられるものですが、腱などは生まれつきのもので鍛えられるものではありません。また、加齢とともに、疲労やケガの回復力も衰えます。

これら体の限界は、努力で改善のしようがなく、受け入れなければいけないことです。きちんと体の声を聞いて、その体を使って、どうやって勝つかを考えなければいけないのです。

体操のあるベテラン選手は、世界選手権の会場練習でどうもうまくいかないと感じていました。

しかし、完璧にならないからと練習を続けていくうちに、明らかにオーバーワークをしてしまっています。そこで、私は伝えました。

「ベテランのあなたであれば、本番はバチッと決まると思いますよ。このまま練習を続けたらどうなります？」

20代後半と、体操競技ではベテラン選手になっていた彼は、少し考えてからこう言いました。

「このまま続けていたら、４日間ある世界選手権の最後までは持たないかもしれない」

「だったら、本番は決まると決めて、確認だけにしたらどうですか？」

彼は会話をしているうちに気づいたようです。

「わかりました。不安だから練習したくなるんですよね。それでオーバーワークになって、体がつぶれることになる。不安なだけならメンタルで改善できますよね」

こうして彼は会場練習では、ポイントだけを押さえた練習を無理なく行ない、本番ではしっかりと技を決めました。

もちろん、若いうちは経験値が少ないので、しっかりと練習でおさえておかないとシミュレーション不足になることもあります。そのため、完璧にできるまでやることも必要です。

しかし、ベテラン選手が若い選手と同じことをしていると、体が悲鳴をあげてしまいます。今の自分の状態をしっかりと客観的に見て、不安で練習をしたくなるだけなのだと気づくことが大切です。

不安の消し方としては、メンタルトレーナーと話すことが一番なのですが、それができない人のために、とっておきの方法をお教えします。

「OK日記」をつけることです。何も毎日、長々と日記を書きなさいというわけではありません。

自分のよいところ、OKな行動などを毎日箇条書きでもいいので書き出すだけです。

自分を具体的に承認していく作業は、自己肯定感が高まり、不安から脱却するのに役立つのです。

MP Method.12

▼

メンタルがケガや体調不良を引き起こす。生真面目すぎる性格には、「年3回は休み」と休むルール作りをしよう。練習不足による不安は「OK日記」で消そう。

長期的にスランプに陥る2つの理由

スランプの理由には、モチベーションが上がらない場合と、客観的に自己分析ができていない場合があります。

前者は目標がない時や、目標が大きすぎる時に起こります。自分の掲げた大きな目標と毎日の行動や練習がつながっていると思えない時、もしくは大きな目標に耐え得る自分ではないと思った時に、人はモチベーションが落ちて、自分を見失ってしまいます。

そこで、目標がない場合も同様ですが、実現可能そうな具体的な目標に設定し直すようにしてください。

後者のモチベーションは十分で目標設定も適切なのに、結果につながるパフォーマンスが出せない時は、客観的に自己分析ができていません。

とはいえ、自分自身を客観的に分析できる人は、超一流。なかなかできないことなので、客観的になれるツールを用いましょう。

客観的に自己分析するためには、よい時も悪い時も自分のビデオを撮っておき、定点観測をすることが大事です。

バッティングで長期的なスランプになっているのであれば、どんなボールが打てなかったのか、何が原因なのかを探し出す必要があります。それを試合があった日ごとにくり返していきます。

技術的な原因であれば、そのボールを打てるように練習すれば、やがてそのスランプは克服できます。

また、毎日、競技についてのノートを書くことも大切です。

スランプだった時や、結果を出した時など、さまざまな場面を読み返すことで、自分のなかで何が起こっているのか振り返れるのです。ノートには、練習のメニューや効果、自分の気持ちなどを書いておきましょう。

実際に練習している時は、気づかなくても、ノートを見て振り返れば、調子が悪くなった原因があとでわかってくることもあるのです。

なかには調子が悪くなってからノートを書きはじめる人がいるのですが、調子のいい時もきちんとノートを書くことが大切です。

調子のいい時のノートは、なぜ成功しているか、何の要素があってよくなったのかがわかり、スランプ脱出の糸口になるのです。

他にもまわりの人の意見を聞いてみたり、普段から自分を客観的に見ようという意識を持つだけでも、ずいぶんと違ってくるはずです。

MP Method.13

▼長期的なスランプは、甘い自己分析と大きすぎる目標によって生まれる。実現可能な目標への再設定と、調子のよし悪しにかかわらず、ノートに毎日の練習を記録しよう。

「真面目にやれば自然と結果が出る」はＮＧ思考

真面目にやっていれば自然と結果に結びつく、と人はよく言います。でも、そう考える思考は、実は間違っています。

このタイプは、残念ながら非常に多いです。

真面目にやることが間違っているのではありません。

結果が出ていないのは、やり方が間違っているからなのです。

もちろん、真面目な人と不真面目な人をくらべれば、真面目な人のほうが継続性はよく、練習のパフォーマンスも高いです。

でも、真面目なことは結果のほんの一要素。

真面目＝結果が出るわけではないのです。結果を出したいなら、真面目に頑張ることにくわえて、結果が出るやり方に変える必要があるのです。

MP Method.14

▼

真面目だから結果が出るわけではない。結果が出ないやり方が問題と考え、練習法や強化すべきポイントなどを見直そう。

目標達成までに、壁は存在しない！

自分のなかに存在する壁は、目標と表裏一体です。

目標をめざしてチャレンジし続けている人は、失敗をくり返しながら、毎日いろいろなことを学び、さまざまな経験値が蓄積されています。

成功というゴールだけしか見えない人は、失敗を壁だと思いがちです。

実際はチャレンジをくり返して、データを集めている最中で、蓄積されたデータが成功への突破口となるのです。

壁があると思っている人は、データの蓄積に気づかず、自分を振り返らないので、失敗の要因に気づけないのです。

体操の米田さんは私に明言しました。

「金メダルにたどり着くまでに、壁は１つもなかった」と。

金メダルまでの道のりに大きな壁は存在せず、あったのは毎日の小石だったそうです。

「今日はモチベーションや練習のクオリティをどう上げていこう」

「今日はこの痛みとどう戦おう」

というような小石を乗り越えることで、世界の頂点にたどり着けたのです。

壁と思っているものは、実は誰にでも乗り越えられる小石と考えてください。

逆に、壁と思ってしまっている時点で、無意識に「越えられない」というメンタルを勝手に作ってしまっているのです。

壁はないと決めましょう。

そして、壁だと思っていたものと冷静に向き合ってみましょう。実はこれまでの体験のなかに乗り越える策が見つかるはずです。

MP
Method.15

▼
壁と思っているものは、実は「小石」程度のもの。困難を前に「壁」と決めつけてしまうことで、無意識に「越えられない」という気持ちが芽生えている。

設定した目標の期限に間に合わない

設定した目標の期限に間に合わない原因は単純明快です。

段取り不足が原因です。

目標から今の時点まで逆算をしてみると、何カ月先までには、何ができるようになっていなくてはいけない。そのためには、毎日こんな練習がどれぐらい必要だ。逆算をすることで、目標までの道すじが見えてきます。

普通は、その道すじをスムーズに進むためのスケジュール、プランを立てていきます。

でも実は、目標までの道すじが見えている時点で、期限は思うよりもはるかに差し迫っていて、時間が足りない可能性が高いのです。

なぜかというと、外的な要因でアクシデントが起こり、遅れることが往々にしてあるからです。ケガなどで練習を休まざるを得ない状況や風邪をひいて寝込む可能性もあります。

また、思うように上達しない、結果が出ない時期も当然あります。

逆にとんとん拍子に行く時期もあるでしょうが、それはよい結果の話なので、今の時点ではあてにできません。

予定通りに行かないことを前提にして、練習のプランを組むべきなのです。

目標の期限よりずいぶんと前倒しにプランを組んで、ようやく間に合うものだと考えてください。

最初から普通にスケジュールを設定すると間に合わないものだと思って、前倒しに進めるようにしましょう。

MP Method.16

目標までの道すじは、スムーズには行かないものと思うようにしよう。余裕をみたプランを組むか、どんどん前倒しで進めないと、期限のあるものには間に合いません。

体のコンディションが万全でないのは当然のこと?

トップアスリート達によると、試合の日の朝は、だいたい緊張などで寝不足で、体はだるいものだそうです。

ここで大事なのは、アスリートの目標は、体のコンディションを万全にすることではなく、試合で結果を出すことだという点です。

トップアスリート達は、体のコンディションが悪くても、結果は左右されるものではないと考えています。

むしろ、何かしら痛みや不調を抱えながら練習に励むアスリートが多いのではないでしょうか。

みなさんも、ケガにもかかわらず試合に出場して活躍したトップアスリートをオリンピックの中継などで見たことがあるのではないでしょうか。

体調が万全であるほうがいいのは当然。

でも、逆にコンディションにこだわりすぎると、本来の「勝つ」という目標からはずれて間違った方向に行くことがあります。

私が見てきたなかで関節に痛みを抱えている選手がいました。

その選手は痛みがあるとパフォーマンスが落ちると考え、さまざまな治療に通って、何とか痛みをとろうとします。

そうこうするうちに試合で勝つことがゴールではなくなってしまいました。メンタル的に体のコンディションをよくすることが、ゴールになってしまったのです。

このように体のコンディションを整えることばかりに意識を向けていると、少し痛みがあるだけで、「まだだめだ」と体のせいにしはじめ、結果が出ない時には「体調がよくなかったから」と考えるようになります。

リオオリンピックの体操個人総合で金メダルを獲得した内村航平《うちむらこうへい》選手は、最後の鉄棒で腰痛を抱えながら、着地を見事に決めました。

実は、自分が練習できちんとできていたことは、体のコンディションとは関係なくできるものなのです。

本当は練習不足でできていなかったことを体調のせいにしているのです。

体のコンディションと試合の結果は一切関係ない。そして、体のコンディションを万全にすることにとらわれないようにしてください。

MP Method.17

▼

体のコンディションにこだわりすぎると、体調を整えることが「目標」にすり替わる。結果は体調とは関係ないものだと考えよう。

気持ちのコンディションは、自分との「約束」で整える

気持ちのコンディションが整わない。これは何か気になることがあって、試合どころではないという状況です。

先ほどお話しした体調が悪いということも原因の1つと考えられます。

ただ、多くの場合は、プライベートでの気持ちの整え方に失敗しています。

試合の1～2週間前は、大事な期間なので、プライベートでも意識して気になることを作らない、もしくはシャットアウトする環境を作ることが大切です。

他には、大きな大会に急に出ることになり、気持ちがついていかずに怖がっている場合があります。

選手は絶対に認めませんが、本心では「自分はまだこの大会に出るような人間じゃない」と思っているのです。

そこで、大きな大会に負けないように、自分の価値を上げていく必要があります。

私はこの場合、選手に次のように伝えました。

「この大会がどれだけすごいものかはわからないけれど、あなたの将来の可能性とくらべたら、あなたのほうがすごいんじゃないんですか。私はあなたがこれからこの大会に毎年出る選手になると思っていますよ」

実際、選手はもっと上をめざしていますから、本人も「そうかな」と思うんです。自分の価値を高めた上で、試合で自分との約束をさせます。

「自分との約束は絶対に破れないよ。自分と何を約束しますか？」

「どれだけきつくても、最後まで集中力を切らさず頑張ります」

「そう、自分と約束したからちゃんと守ってくださいね」

この選手はケガで痛みを抱えていたので、大会2日目には棄権を考えるほどまでに悪化しました。

しかし、痛みを緩和するイメージトレーニングをしながら、最後は立っていられないぐらいになるまで戦い抜きました。

そばで見ている監督やコーチが、思わず涙ぐむほどの奮闘ぶりでした。そして、半年後には異例のナショナルチーム入りを果たしたのです。

気持ちと体、両方のコンディションが万全でない状況を突破した経験が、彼の自己肯定感を高め、より高いレベルへと引き上げたのです。

このように気持ちや体が万全でないことは、結果が出ない理由にはなりません。むしろ、すべて整うことのほうが珍しいと考え、「コンディションは万全じゃないけど、勝たなきゃ」と思うようにしましょう。

MP Method.18

▼その試合で何を頑張るのかを決めよう。そして、決めたことは自分自身との約束として、必ず守る。これは、目の前の試合に集中するためのテクニックでもある。

第3章

プレッシャー・集中力のメンタル強化法

- ☑ねばりを生み出す「ヒーロースイッチ」
- ☑集中力・自己肯定感を上げる魔法の言葉
- ☑大舞台で活躍したいなら「シナリオ」を書き換える

自分のなかで勝手に作り上げるプレッシャーに注意！

プレッシャーで試合に負ける人は少なくありません。

実はプレッシャーとは、まわりからかかるものではなく、自分のなかに作り上げているものです。

自分の内面にある思考からくる価値観によって、私達は勝手に「圧力」を感じているのです。

「オリンピックに出ないと故郷には帰れない」

「失敗は許されない」

「カッコ悪いところは見せられない」

こういった自分のなかに作り上げた妄想があって、この思考が私達を伸び伸びとさせてくれないのです。

こういうケースは、試合会場の状況や雰囲気も関係なく、「雨が降っているから」「ギャラリーがいるから」といった外的な要素はプレッシャーとはなりません。

それよりもありもしない自分への期待や妄想に苦しめられているのです。

プレッシャーが自分のなかにあると気づいていない人は、「ギャラリーがうるさかったから」などとよく言います。目につきやすい外的要因に意識が向いているだけで、実はプレッシャーの原因としてはまったくの見当違いです。

自分のなかにプレッシャーがあることを認め、自分を必要以上に緊張させたり、固くしたり、伸び伸びとさせない思考や価値観が何なのかを見極めましょう。

思考や価値観を変えるには、メンタルトレーナーと話すことがもっとも効果的です。人と話すことによって、自分のなかにはこんな思考や価値観があるのだと改めてわかるものです。

メンタルトレーナーと話すのがむずかしい場合は、自分とできるだけ価値観が違う人と話してみるといいでしょう。

さらに自分の内面や感情を日記やブログなどに書く習慣を身につけて、自分自身と向き合えば、気づきが得られるはずです。

試合中に自分のなかの妄想、つまりプレッシャーがわき上がってくる場合があります。私は試合前の選手にこう言います。


「大丈夫です。誰もあなたに期待していませんよ」

「いや、そんな言い方をしなくても…」

「じゃあ、期待してほしいわけですか？」

「いや、してほしいわけじゃないけど」

「勘違いですよ。期待されていると思っているでしょう。誰も思っていないですよ」

「そんなことはない。親は期待をしてくれている」

「親はあなたがおじいちゃんになっても期待するものです。期待するのが仕事ですから」


この期待という言葉は、非常に厄介です。

何だか甘くておいしそうな匂いがプンプンとします。

人は「期待している」と言われると、自分の価値がものすごく上がったような気になります。少し高揚感さえおぼえます。

もちろん、「期待してくれているから頑張ろう」とも思えるので、完全に悪いものというわけではありません。

練習の時にはいい感じに機能しているのです。

ところが期待を試合に持っていってしまうと、たちまちプレッシャーに押しつぶされてしまいます。

期待とは、「達成できて当たり前。できないと失望」の意味がありますから、人をものすごく悪い状態にさせるのです。

だから、私は「期待は試合会場に持ってこないようにしましょう。ホテルの部屋に置いてきてください」「誰もあなたに期待していないから大丈夫」と言うのです。

MP Method.19

▼プレッシャーは自分の内面から生まれるもの。日記などで自分と向き合うことで、自分を縛る思考や価値観に気づこう。また「期待」は危険な言葉。惑わされないように注意。

思考や価値観のプレッシャーはトラウマとの戦い

元プロテニスプレーヤーの岩渕聡さんは、私と出会うまでは全日本選手権で優勝したことがありませんでした。

彼は当時30歳。

引退を考え始めていたころだったのですが、全日本選手権という大事な大会でタイトルをそれまで取っていませんでした。

実力があるだけに、そのタイトルなしでは、やめるにやめられない状況だったのです。

彼は若いころに全日本選手権の決勝で、プレッシャーのためにボロボロに負けた経験がありました。

私と会う前年は、1回戦で格下の相手に負けるということもありました。

試合会場のある有明方面に車が向かうだけで頭痛がするほど、全日本選手権はトラウマになっていたのです。

全日本選手権にこだわっているはずなのに……。

試合の2日前に会うと、彼は「嫌だ。やりたくない」と言っていました。

勇気づけても、プラスのメッセージを送っても、打破できないような悪しきトラウマができあがっていたのです。

そこで私は1つの提案をすることにしました。

「わかりました。そんなに全日本選手権が嫌なら、今年限りで終わりにしましょう」

「ええ⁉」

「だって、嫌なんでしょう。だから、勝っても負けても今年限り。優勝しようがしまいが、そんなことはどうでもいいんです。最後の全日本選手権ですから、今まで自分がやってきたことすべてをぶつけてください。岩渕聡という素晴らしい才能を持ったアスリートがどんな試合をするか見せていただきますから、やってみてください」


大事なのは、自分の枠を外して、集中しきって「これ以上やったら、死にます」というぐらい、死ぬ一歩手前のパフォーマンスを出しきって、戦い抜いたかどうかです。

これ以上はないぐらい自分の力を出しきった経験ができれば、もはや勝ち負けは関係ありません。

必ず何かが変わります。

優勝は単なる結果で、死ぬ一歩手前のパフォーマンスを出して、優勝できないのなら、それが実力ということです。

また練習すればいいだけの話なのです。

岩渕さんには「全日本選手権が嫌」というトラウマ以外にも、試合に集中できない理由がありました。

彼は過去に何度か暑い日の長時間の試合で、全身痙攣を起こして倒れた経験があるのです。「また倒れるかもしれない」というプレッシャーで、疲れてきたらボールを追わなくなってしまい、パフォーマンスを落としていました。

「また、全身痙攣が起きるかもしれない」

「じゃあ、起きた時は棄権しましょう。でも、倒れたらカッコ悪いと持てる力をセーブして、つまらない試合をしないでください。取れるボールを追わなくなったら相手が図に乗ります」

「でも、倒れたら迷惑をかけますよね」

「岩渕さんは倒れた選手を見て、迷惑だと思いますか?」

「いや、倒れるまで頑張ったんだなと思います」

「だったら、あなたが倒れても、みんなそう思いますよ。1回ぐらい倒れるまでやったらどうですか。絶対に倒れませんから。倒れるのが心配であれば、私が知り合いの看護師に付いてきてもらえるよう頼みます。いつでも倒れられる状況を作って、倒れるまで走ればいいんです。そうしないと最高のパフォーマンスが出ないと思います。最後の全日本選手権がそれでいいんですか」

そう言ったら、彼ははじめて自分専属のフィジカルトレーナーを雇ったんです。

彼のなかの「全日本選手権は嫌」「倒れるかもしれない」という思考のプレッシャーは消え、最後の全日本選手権だから倒れるまで戦うことを心に決めたのです。

MP Method.20

▼ **思考や価値観によって生まれるプレッシャーは過去のトラウマが原因。トラウマとなった理由を探り、自分をしばる枠をはずしたら、自分の力を出しきることに専念しよう。**

ねばりを生む、「ヒーロースイッチ」とは？

岩渕さんには、さらにメンタルのイメージの強化しておこうと思いました。

「試合中は、どういうところからメンタルが崩れますか？」

「ストローク戦が苦手で、ねばれずに焦って勝負をしにいって負けるんです」

「じゃあ、ねばりが大事なんですね。映画でもアニメでも何でもいいんですけど、何度ピンチに陥っても、ねばって戦えるヒーローはいますか？」

「『ダイ・ハード』のブルース・ウィリスですかね。裸足の足にガラスの破片が刺さっても自分で取って、戦うところがすごいな、ここまでねばれるんだと思いました」

「わかりました。明日の試合でストローク戦になったら、あなたはブルース・ウィリスです」

そうして、1回戦を迎えたら、圧勝のストレート勝ちでした。勝ち進んでいくなかでもダントツに強いんです。

ウソのような本当の話です。ねばるヒーロー像を彼が心のなかで思い浮かべると、それがスイッチとなって今まで焦ってねばれなかった場面で、戦えるようになったのです。

MP
Method.21

自分のなかに勝利に必要な要素を持つヒーロー像を作ろう。ピンチに陥ったら、そのヒーロー像を思い浮かべて、自分がヒーローになったつもりで戦おう。

試合中の集中力と自己肯定感を上げる魔法の掛け声

以前の岩渕さんは、試合中にミスをした時に脳内で無意識に反省会をはじめていることがありました。今まさに試合が動いているその時に、無意識のなかでは、数秒数分前の失敗を反省しているのです。

その一瞬の隙に相手がボールを叩き入れてきたら、当然、反応が遅れてしまい、ボールを打ち返すことができません。

そこで、「Ｎｏｗ ａｎｄ Ｈｅｒｅ」、つまり、「今ここ」に１００パーセントの意識を集中して戦ってほしいと言いました。そうして、いよいよ決勝の前日を迎えたのです。

「いよいよ、決勝まで来ましたね」

「先生、ありがとうございます。明日は僕、倒れるまでやりますよ」

決勝戦の相手は添田《そえだ》豪《ごう》選手でした。添田選手は岩渕さんより９つ年下。初戦ならともかく、１週間戦ってきたあとの決勝ですから、正直、体力的には相手が有利です。

また、彼は国際大会でも勢いに乗っていたので、優勝候補ナンバー１。岩渕さんにとっては、以前も負けた相手であり、対戦相手としても相性の悪い相手です。

大方の予想は添田選手が圧倒的に強いと思われていました。

試合中、岩渕さんには「今ここ」に集中してもらうと同時に、自分がいいプレーをした時に「よし！」「やった！」と声を出して、ガッツポーズをするようにお願いしました。

これには意味があって、自分に「よくやった！」という承認のコールをすることで、「自分はいける！　やれる！」という自己肯定感を高めていくのです。続けていると、試合が進むほどに強くなれるし、しんどい時のあと1歩が出るようになります。

MP Method.22

「今ここ」に100パーセントの意識を集中すること。いいプレーをした時は「よし！」「やった」と声を出しながら、自分を承認して自己肯定感を上げていこう。

戦い方の「質」を追求することで得られる「突破口」

岩渕さんは承認のコールをしながら、場の雰囲気にのまれかけたらゆっくり深呼吸をしながら「大丈夫。いつも通り」と言い聞かせて、体の力みを取り、戦い抜きました。

決勝戦の最後の数分間、激しいラリーで競った末に勝ちました。彼は今までで最高のパフォーマンスをして優勝したのです。

その後、彼は世界大会にも出るようになり、4年後に引退するまでに全日本選手権でシングルス2回、ダブルス8回のチャンピオンになりました。

このように人は突破口を1つ作れば、それが大きな自信になって、次につながります。岩渕さんのストーリーはその好例です。


大事なのは、勝ち負けではありません。

戦い方の「質」です。そうして、死ぬ一歩手前のパフォーマンスをやりきった選手は、たとえ負けても絶対に強くなれるのです。

MP Method.23

▼

死ぬ一歩手前のパフォーマンスを出しきって、戦い方の「質」を高めることが大事。それが大きな自信になって、次の結果につながる。

緊張するのはメンタルが原因ではない！

試合中に緊張して、本来のパフォーマンスが出せない人は多くいます。

緊張とは、緊張反応と呼ばれるもので、人間が危険を感じた時に自然と出てしまう体の反応です。

緊張すると、体が硬くなったり、手に汗をかいたり、心臓がドキドキするなど、さまざまな反応が表れます。

緊張した原因は、人それぞれ違うものです。でも不思議なことに、緊張の反応はみんな同じものです。

実は、緊張はメンタルとは関係なく、必要があってＤＮＡに埋め込まれている生理現象なのです。

人間が猿から進化を遂げ、草原を直立歩行しはじめたころ、ライオンなどの肉食獣にしょっちゅう襲われるような危険があったなかで、人間は生き延び続けてきました。

そのころ、人間の危険に対する反応のメカニズムができあがったと想定されます。

当時の緊張の原因の多くは、肉食獣などに命を狙われる危機でした。暗闇から物音が聴こえて、「もしかしてライオン？」と脳が危機を察知したら、まず筋肉を硬くして、毛細血管を収縮させます。

こうすれば、肉食獣から噛まれても一気に血が流れることがありません。致命傷にならずに逃げ切れる可能性があります。

顔が熱くなって火照《ほて》るのは、状況を判断するために大脳に一気に血液を送り込んでいるからです。心臓がドキドキするのは、体をいつでも動ける状態にしています。

胸がギュッと締まるのは、敵の攻撃から内臓を守るため。手に汗をかくのは、猿だった名残で、木の枝をつかんで逃げやすくするためです。

このように人が生き延びるために防御反応は強化され、緊張したら体に反応が出るようになったのです。

現代で緊張するシーンといえば、大事な試合です。

学校だったら、みんなの前で何かを発表したりする場でしょうか。仕事では、面接やプレゼンテーションなどでしょう。

確かにどれもプレッシャーを感じる場面です。でも、ライオンが襲ってくるような生命の危機ではありませんね。

だから、脳に「ここにはライオンはいないよ。生命の危機じゃないよ」と教えてあげれば、体は反応する必要がなくなるので、緊張の反応は治まります。

アスリートにとって、筋肉が硬くなったり、手に汗をかくという体の反応は、試合で致命的な状況を招くものです。

野球のピッチャーならば、ボールのコントロールをミスしたり、スピードが落ちてしまいます。

試合のために何百回、何万回と練習してきたことが、脳が勝手に反応する緊張反応だけで変わってしまうのです。

メンタルトレーニングの究極の目的は、世界のトップと大きな会場で試合しても、家で投げても、同じパフォーマンスができることです。

アスリート達には、いつもこの話をして、緊張反応を正しく理解してもらっています。

緊張反応は、まるで生命の危機が、今ここにあるように、自分の脳が作り出したものです。

緊張した時は、ゆっくり深呼吸しながら「ライオンはいない。ここはお花畑」などとイメージすれば、体はリラックスして、１つのことに集中しやすい状態になります。

MP Method.24

緊張反応は、日常的に生命の危機を感じていたころの名残。生命の危機ではないとイメージすれば、体の緊張反応は治まる。

「大丈夫な」行動が練習通りのプレーを可能にする

本来、練習でできたことは試合でもできるはずです。

でも、それができない。

原因としては、プレッシャーか緊張が邪魔をしていると考えられます。ここで「思考」を変えます。

決して「自分の能力が落ちたわけではない」のです。プレッシャーや緊張さえ取り除けば、いつも通りのパフォーマンスができます。

あとは、試合でいつもと違う行動をするのはおすすめしません。

イチロー選手ですら、毎日のルーティンの行動を変えずに試合に臨むといいます。ルーティンの行動をすることで、「これをすれば、大丈夫」とイメージトレーニングをしているのです。

体操の米田さんは、全日本選手権で優勝して以来、その時と同じように右足から台に上るようにしているそうです。

右足から踏み出すことで、「よし、今日も勝てる」と自己肯定感を上げ、自分のなかのいいイメージを強化しながら、試合に入っていけるのです。

MP Method.25

▼ プレッシャーや緊張を取り除いたうえで、「これをすれば、大丈夫」というルーティンの行動をするようにしよう。

練習中の不安や焦りは上達する「チャンス」

試合中にピンチになれば、不安や焦りがどんな人の心のなかにも表れます。

だからこそ、ピンチになると、自己肯定感を上げる必要があるのです。

試合中なら、自分がいいプレーをした時に大きな声で「よし！」「やった！」などと承認のコールをして、自己肯定感を強化しましょう。

練習中など普段の生活で不安や焦りがある時は、ノートに書き出して、原因を突き止める必要があります。

不安や焦りは、ただ漠然と感じていることがよくあります。

なぜ焦っているのか、どこに不安を感じているのか。思うところを書き出してみましょう。しっかりと文字にしてみると、不安や焦りが具体的に何なのかが見えてきます。

アスリート達は、大きな大会の前になると、不安からオーバーワークをしがちです。


「焦っています」

「何で焦っているのですか？」

「時間がないから。1日10時間練習しても間に合わない」

「じゃあ、10時間の練習を12時間にしたらどうなります？」

「体が壊れてしまう」

「ならどうすればいいでしょう？」

このように人間には、できることとできないことが明確にあります。そこで無理をしても結果に結びつかず、意味がありません。ただ、できることをやるだけなんです。

少し話はそれますが、しんどくても毎日できることを確実にやるから強くなれるのです。強くなれない人は「しんどいことを毎日」なんて「できない」と思っていますが、それは単なる思い込みです。

トップになる人となれない人の違いはたった1つ。とにかくできることを隙なくやったかどうかなのです。

他の人が途中で練習をやめている雨の日に、いつもと同じだけやる。練習のクオリティを少しずつ上げていく。試合を想定して1つ1つの動きに集中する。

不安や焦りの正体が見えてきたら、今、何をやるべきか、何ができるのかを考えていきましょう。

人として無理のない、でも少し頑張らなければできないことです。

そうすると不安は消えて、何をやればいいのかがわかります。

不安が消えた瞬間は、やるべきことが明確になった瞬間です。当然、練習のクオリティはぐんと上がります。

不安や焦りは、いろいろなことを教えてくれる先生です。

ただ、この先生は、こちらから質問しないと何も答えてくれません。ちょっと意地悪な先生なので、ご注意ください。

不安や焦りをそのままにせず、何に不安や焦りを感じているかを考えてみてください。そこには成長へのヒントがたくさんあることに気づくはずです。

MP Method.26

不安や焦りはいろいろなことを教えてくれる先生。何に不安を感じているのか、どうすればいいのかを考えれば、不安は消え、成長への一歩を踏み出せる。

シナリオを書き換えて大舞台で活躍する！

実力は十分。練習では誰よりうまく、強いタイプ。普通の大会では実力を存分に発揮できるのに、大きな大会、大切な試合ほど落とす人がいます。

自分の勝手な思い込みや期待がプレッシャーとなって、大きな大会や大切な試合で実力が出せないことはままあります。

最初は試合に1回負けただけのことかもしれません。

でも、人間は一度、「自分は大きな大会・試合ほど負ける」と思うと、自分の人生のシナリオをそのように書き換えてしまうのです。

「ピンチに弱い」と思っている人は、ピンチに弱い人生のシナリオを書いてしまい、その通りの人生を送ってしまいます。

実はこうしたマイナスのイメージはすごく強いので、マイナスのことを想像するとマイナスのことが起こってしまうことがよくあるのです。

そこで、自分の人生のシナリオを書き換えましょう。シナリオはこうです。

「自分は大きな大会・試合は抜群に強い」。そして、「自分はトラブルに強い」「チャンスに強い」「運がいい」とイメージしてみてください。

MP Method.27

大きな大会や試合で自分の実力が出せない人は、「自分は大きな大会・試合ほど強い」と決めて、イメージしよう。

一時的なスランプは、何も変えずに乗り越える！

頑張っても結果が出ない、上達しない。なぜか練習に身が入らないなど、一時的なスランプに陥るのは、誰にでもあることです。

このスランプから抜け出すために、よくやりがちなことが、あわてていつもの行動をガラリと変えようとすることです。

実際にそうすることで、余計に悪循環にはまった経験がある人は、多いのではないでしょうか。

体操の米田さんは、こう言ってました。

「スランプになろうがなるまいが、自分のルーティンは変えない」

自分のやるべきことやルーティンの行動はいきなり変えず、今の自分の動きをビデオに録画して見直したり、人に質問してみたりと、客観的に見ることを大切にしていると言います。

そうやって、自分の弱さやクセを見つけて、修正するのです。

スランプだからといって、行動を一変してしまうと、弱さやクセを見抜けなくなります。

つまり何が原因かが見抜けなくなるのです。

そして、同じ理由でスランプをくり返すことになります。

スランプを抜け出すためには、ルーティンの行動を変えずに原因となっている弱さやクセを見つけ、ルーティンの行動のなかで、クリアにしていかなければならないのです。

私の場合は風邪のひきはじめになると、「体がだるいから」とジムに行きたくなくなります。これは、心の一時的なスランプです。同じ風邪のひきはじめでも仕事は休もうとは思わないのです。

この手のスランプになると、すぐにジムに行きたくなくなるのが、私のクセであり、弱さだということです。思いきって、休みたいところですが、それではいつものルーティンを変えてしまいます。

スランプの時に見えた弱さやクセは同じ行動のなかで克服していく必要があります。

少し頑張ってジムに行ってしまえば、スピードは多少落としたとしても問題なく走れたりするものです。

そこで、ジムに行くことは変えません。走る時間も変えませんでした。この2つは私にとってのルーティンです。

実際に普段と変わらずにジムに行き、完走すると、私はこのスランプを1つ「突破」できるのです。

一時的なスランプとは、風邪のようなものです。

1シーズンに1、2回は必ず訪れるものだと思ってください。スランプの時は、ルーティンの行動を変えずに客観性を持つようにしてください。

MP Method.28

▼スランプの時こそ、ルーティンの行動は変えないように。何事も一気に変えてしまうと原因となっている自分のウィークポイントが見えづらくなります。

「ねばり」は「ねばる」行動を具体化することで生まれる！

もし、あなたが「ねばれない」ことを悩んでいるのなら、前章で紹介したテニスの岩渕さんのように、自分がねばれるヒーローをイメージするのもいいでしょう。

そして、具体的に何をどうねばるのか、どうあきらめないのかを考えることです。実はこれが意外と盲点だったりします。

監督やコーチは「あきらめずにもっとねばれ」とよく言います。選手達も「ねばりきれなくて負けた」「ねばりが足りなかった」と言います。

でも、何をどうねばるのか、ねばらなければいけなかったのか言わない、言えない人が多いのです。

特に子どもや学生であれば、具体的に指摘されないとわからないものです。

あなたが「ねばりが足りない」と言われているのであれば、指導者に具体的に何が足りないのかを直接聞くべきでしょう。

ねばりを手に入れたいならば、「ねばり強い性格」になる必要はありません。ねばりにつながる「行動」をする必要があるだけです。

サッカーでロスタイムに失点したとします。

その原因は、あなたがマークすべき選手をしっかり最後までマークしきれなかったことです。その時のあなたは、息があがり足もついていかず、集中力も保てていませんでした。

試合後、あなたは指導者から「あきらめずにもっとねばれ」と言われました。

この場合、あなたに必要な、ねばりにつながる行動とはなんでしょうか。

90分間ピッチを駆け回る走力。最後まで途切れない集中力といえます。するとと走力・持久力をアップするトレーニングが必要であり、日頃の練習から集中して臨むことが大事だということがわかります。

ねばりというものを気持ちや性格の問題ととらえてはいけません。何をすることが、ねばることなのかを具体的な行動に落とし込むようにしましょう。

MP Method.29

試合でねばるためには、具体的に何がどれだけ足りないのか明らかにしよう。ねばる「行動」へと落とし込めば、結果はついてくる。

一度クリアすれば、一生接戦に強い選手になる

相手と競っていたのに試合には負けてしまうことがあります。実はこれ、１００パーセント間違いなく、メンタルの問題です。

競り合いになるということは、能力は大差がなかったのです。

あなたが試合中、「こんなにうまくいくはずがない」と不安につかまっていたり、「勝てる」とは思っていなかったり、「負けるかも」というような考えがよぎってしまうから、競り負けるのです。

確かに競り合う試合展開は、高い緊張感が続き、「失敗できない」というようなプレッシャーが襲ってきます。それで、不安や弱気の心が生まれてしまうものです。

競っている時に不安が押し寄せてきたら、「勝てる！ 勝てる！」「絶対取れる！」とくり返し唱えてください。

不安が入り込む隙がないようにやることがポイントです。自然と勝負に集中していけるようになるはずです。

くり返しますが、競っているということは、実力は互角です。

実力に差がないのなら、余計な気持ちは排除しましょう。「今ここ」に意識を集中することが大事です。

死ぬ一歩手前ぐらいのパフォーマンスを出しきるという気持ちで試合に臨めば、絶対に勝てます。

ちなみに、この体験を一度すると、「自分は競ったら勝てる」と考えるようになり、強くなります。

なかには、格上の相手との試合で競り始めると「来た！　来た！」とうれしくなる選手もいるほどです。

競り合いを見事制した選手には、私は「よかったですね。あなたはこれから現役をやっているかぎり、競ったら勝てる選手ですよ」と言います。

そうして、「競ったら勝てる自分」というイメージを強化していくのです。

MP Method.30

相手と競っているなら、実力は同じ。勝敗を分けるのはメンタルです。「勝てる！」「取れる！」と唱えて、「今ここ」に意識を集中させましょう。

チャンスには時間制限があるから、なりふり構っていられない！

私が昔、担当した選手に、実力はあるのに、ピンチに弱いうえに、チャンスにも弱い人がいました。そうすると、当然、試合には負けてしまいます。

チャンスに弱い選手には２通りあります。

1つめは試合中に「これで勝てたらヒーローになれる」と余計なことを考えはじめるタイプです。

これでは「今ここ」に集中できません。「今ここ」に集中しなければ、100パーセントの力を出しきれません。

2つめは、詰めが甘くなるタイプです。

私はその選手に聞いたことがあります。

「いつもチャンスになったら、急にコースが甘くなったり、スピードが落ちるように見えるんです。あえて、あなたのチャンスをつぶして、相手と互角に戦いたいんでしょうか」

少し意地悪な質問かもしれませんが、試合中にそうに感じることがよくあったのです。

「いや、そんなことはないです。当然、勝つためにやっているんですから、チャンスになったら、相手をコテンパンにしたいと思ってますよ」

「心のどこかでは、コテンパンにしてやりたいと思っていないのではないでしょうか？　相手のことをかわいそうと同情している間に、あなたのチャンスはタイムオーバーになっている気がしますよ」

そう、試合のなかに訪れるチャンスは数秒間限定です。

相手のことを考えてあげる余裕なんかはないのです。

数秒の間に結果を出さないとタイムオーバーとなり、次は相手にチャンスが移り、逆にこちらがピンチになります。

だからこそ、チャンスは、めぐってきた瞬間に仕留める必要があります。

チャンスを活かせない人は、チャンスには時間制限があるとは、心底で思っていないから活かせないのです。

チャンスは時間制限があるものと認識してください。

そして、「今ここ」に集中すれば、自然とチャンスに強い自分となります

MP
Method.31

▼
チャンスは数秒間限定で時間制限があるもの。今チャンスを活かさないと、次は自分にピンチがやってくるものだと認識しよう。

第4章

マイナスの思考・感情を変えるメンタル強化法

☑過去にとらわれるのは自己分析が足りないから
☑余計なプライドが大混乱を起こす！
☑ミスを引きずらないヒント

過去の結果にとらわれるのは、自己分析が足りない証拠

ある選手は、かつて全日本選手権でボロ負けをしたことがあり、「全日本選手権は嫌」と言っていました。

人が過去の結果にとらわれてしまうのは、なぜそうなったのか自己分析ができていないから。過去に何があって、何があなたを苦しめているのかを考えていく必要があります。原因を見つけ、その原因を取り除く方法を突き止めなければ、いつまでも過去の結果にとらわれたままになります。すると、前に進むことができません。

選手と私のあいだには、こんなやりとりがありました。


「全日本選手権は嫌です」

「何で嫌なんですか?」

「あの雰囲気が嫌なんです」

「雰囲気の何が嫌なんですか?」

「お客さんが多いじゃないですか」

「お客さんが多いと嫌ですか？　オーストラリアの試合もお客さんが多いですよね」

「いや、海外は違います」

「じゃあ、嫌なのはお客さんの多さではないですよね。何が嫌なのですか？」


このように何が嫌なのか1つずつ調べていきます。

自分を苦しめているものをより具体的にしていく作業です。

原因を具体的なものにしていかなければ、それを解決する方法が、見つかりません。

自己分析は、非常にむずかしい作業です。

特に過去に縛られた原因というのは、嫌な体験によるものです。探るとなると、1人でやるのはむずかしいかもしれません。

メンタルトレーナーのサポートがない場合は、ノートに書き出したり、信頼できる人と話してみたり、なるべく客観的に考えるようにしてください。

MP Method.32

過去の結果にとらわれるのは、自己分析が足りないことによって起こるもの。嫌な過去の記憶を探り、原因を見つけ出そう。客観的に考えられるよう、人のサポートが必要。

過去の亡霊は、自分の思い込みが生み出したもの

先ほどの選手は、暑い日に全身痙攣が起こることで悩まされていました。

よくよく話を聞いていくと、かつてボロ負けして「全日本選手権は嫌だ」となったのも、「試合中に全身痙攣で倒れる不安」というのが原因のようでした。

つまり、彼がとらわれていた過去の結果とは試合中に起こるかもしれない「全身痙攣になる不安」だったのです。

なぜ不安に思うのか。今度は、さらにその原因を探ります。

「最初に全身痙攣になったのはいつですか」

「中学の時」

「中学の時にどんなシチュエーションでなりましたか」

「暑い日に練習のし過ぎで水を飲むのを忘れて、全身痙攣で倒れて、救急車で運ばれました」

「その時、何が一番嫌でした？」

「コーチに『だから、お前はだめなんだ。お前は気持ちが弱いから、そうなるんだ』と言われました」

「原因はそれですね。そこから自分を解放しましょうよ」

彼は水をきちんと飲んでいるので、体の仕組みとしては、全身痙攣を起こす状態にありません。

これは予期不安といいます。

「また全身痙攣になって、こんな嫌なことが起こったらどうしよう」という気持ちが全身痙攣を起こしているのです。

人は絶対そうなりたくないと思うと、そうなってしまうものです。だから、「そうじゃない」と気持ちを切り替える必要がありました。

ある暑い日に私と彼は練習場に出かけました。

「今日は私がいるので、いつでも全身痙攣を起こしても大丈夫ですよ」と言いました。

そうすると、本当に気分が悪くなったり、震えが出るなどの全身痙攣の予兆が出てくるのです。

彼をベンチに座らせ、深呼吸をしてリラックスさせます。手足が冷たくなっていたので、手足を温めるイメージトレーニングをしました。

脳の無意識の思い込みから、体に反応が出るのであれば、イメージトレーニングをすれば、体の反応は治まるのです。

「何だかラクになりました」

「わかりました。もし立っても大丈夫なぐらいに気分がよければ、ラケットを持って、テニスコートに立てますか。打たなくていいんです」

彼はテニスコートに戻って、素振りをしはじめました。

「先生、いけそうなんですけど」

試合中ではないので、無理をせずに「打ちたい」「打てるかも」となっている気持ちで止めておきます。

彼は水をちゃんと飲んで、全身痙攣を起こさない環境を作っています。

そこで「過去の亡霊」がちょこっと出てきたら、自分でイメージトレーニングをしてから、コートに戻るようにしてもらいました。

「過去の亡霊」、つまり自分の思い込みに、自分を徹底的にやっつけることはできないとわからせるのです。

1週間後にトーナメントがあり、彼は試合中に全身痙攣の予兆が出てきたので、自分でイメージトレーニングをして試合に戻りました。

そうして、その試合に勝ち、トーナメントで優勝したのです。その日以来、全身痙攣は出なくなりました。

「過去の亡霊」は、完全に消えたのです。

このように過去は意識せずとも、すべて自分のなかにあるものです。

人間は、自分が作り上げている過去のネガティブな物語に、今を支配されがちですが、それを消していくこともできるのです。

MP Method.33

過去の結果に自分が縛られるのは、「過去の亡霊」の存在があるから。過去の亡霊＝自分の思い込みは、それに負けない自分をイメージするトレーニングで撃退する。

強い選手との対戦が自分を強くする！

強い相手との試合は、実力に差があるので、勝ちにくいものです。

でも、強い人が必ずしも勝つとはかぎらないのがスポーツの面白いところ。明らかに相手の実力が上でも勝つことはあるのです。

勝利の可能性は0パーセントか100パーセントかではなく、強い相手のほうが若干有利なだけ。だから、「強い相手だから無理」「勝てるわけがない」と、大雑把に考えないようにしてください。

相手をしっかり分析して、自分に何ができるのか、何があれば勝てるのかをじっくり考えましょう。

たとえば、「このサーブが来たら取れないけど、自分はこれで取り返せばいい」と具体的に可能性があることを考えていくのです。

アスリートのみなさんには、ぜひ知っておいていただきたいことがあります。強い相手と戦うと、自分が必ず強くなれます。そのために必要な条件は、本気で対策を立てて大いに戦うことです。

その結果、負けたとしても、もともと相手が強いのですから、こちらに失うものは何もありません。

相手のほうが、失うものが多くて余計な緊張をしているかもしれません。まずは思いきりぶつかってみることです。

勝つつもりで集中して戦ってみると、「強い選手はこうやって戦うんだ。なるほど」などと、勉強できることがたくさんあるはず。

勉強しながら戦えるなんて、こんないいことはないのです。でもそれも、勝つつもりで本気で戦うから得られるものです。

だから、強い相手と戦うチャンスが来たら、大喜びしてください。そして真剣に自分が勝つ可能性が少しでも大きくなる要素を考えていきましょう。

MP Method.34

▼

強い相手との対戦を前に劣等感を持つ必要はなし。真剣に勝つつもりで準備をし試合に臨もう。戦いのなかで学ぶことが多く、勝つチャンスに恵まれることもある。

余計なプライドは大波乱のもと

相手は格下のはずなのに、あれよあれよという間に競り合いになり、ゲームセットが告げられた時には、負けが確定してしまった。負けるはずのない相手だったのに……。

明らかに「相手は弱い」という場合、なめてかかってしまい、痛い目に遭うのはよくあることです。

「油断があった」「心に隙があった」といわれますが、まさにその通りです。試合に集中しきれていなかったのです。

きっと、試合前も試合中も次のような思いが、あなたの心にあったはずです。

「こんなところで負けられない」
「失敗は許されない」
「カッコよく勝ちたい」

格下相手に思わず持ってしまう余計なプライドが、試合への集中力を削ぎ、あなたのプレーを邪魔しているのです。

また、力をつけてきた中高生が社会人の選手を打ち負かす場面はよくあることです。対戦相手の能力は常に変化しているものです。

相手の過去の戦績は、これからはじまる自分の試合には、まったく参考にならないものだと考えてください。

だからこそ、余計なプライドはどこかに置いておくことです。

そのためには、試合前であれば、今、自分のやるべきことに集中すること。

試合中に余計なプライドが心に浮かんできたら、「今ここ」と言って集中をしましょう。

つまり、目の前にあることだけに意識が向くようにするのです。比較的単純に集中力を上げる方法です。

MP
Method.35

▼

格下相手の試合では傲慢さが心に隙を作る。傲慢さを消し去るためには、相手の過去の戦績は今の試合に関係ないと考えよう。試合に集中するべく「今ここ」と唱えること。

長いトンネルを抜けるには、行き先（目的）を見失わないこと

スポーツでも人生でも勝ち続けることはなかなかありません。

一方である時期、負け続けるということはあります。今までより上のレベルで戦うようになった時などが、それです。

上のレベルで戦うようになると、最初は負け続けることになります。

当然といえば当然の話です。レベルが上がると同時に、そのレベルのなかでは自分が一番下になるのですから。

そのレベルに対応できるようになるまでは、技術的にも体力的にも一生懸命練習するしか対策はありません。

どんなトップアスリートでもあり得る、やってもやっても勝てない時期。

チャンピオンになった経験のある選手ならば、その経験がプライドになっているので、「こんな実力のはずではなかった……」「あり得ない。恥ずかしい」などと、過去の栄光があるぶん、なおさらつらい思いをします。

人間は、あまりに勝てないと自己肯定感が下がってしまいます。

そして、ふてくされて練習に身が入らなくなったり、やけを起こすようになることもあります。

今までとは競うレベルが違う時は、最初は勝てません。でも、くさらずに、1つ1つの負けをよくよく見てください。負けは負けでもジリジリと少しずつ強くなっている負けであるはずです。

その少しの進歩で自己肯定感を落とさないようにして、「必ずどこかで突破できる」と思ってください。

毎日全力で練習に取り組み、相手の強い要素を研究して、きちんと自分のものにすることです。

ずっと勝てない選手にも、こう言ったことがあります。

「ここからやってもやっても勝てない長いトンネルが続きます。トンネルのなかは息苦しいものかもしれません。でも、ここでやけを起こしたり、引き返したら、元の世界に戻ってしまいます。次の世界に行くには、光が見えるまで、長く苦しいトンネルを進み続けなくてはいけません。今は強くなるために負けているのです」

そうして進み続けて、一度でも勝つと、次は2~3回に1回は勝てるようになります。ちゃんと力はついて、強くなっていっているのです。

ここでは、「長いトンネルの向こうに行きたい」と心底思うモチベーションが必要になります。

だから、自分は何のために競技をやりたいのか、どこに向かいたいのか、自分自身の「目標（ミッション）」を考えるようにしてください。

そうすれば、今日の試合の意味もわかります。

レベルが上がれば上がるだけ、必ず長いトンネルにつき当たると理解してください。そして負け続けたとしても、「今は強くなるために負けているのです」。

光が見えるまで前に進み続けましょう。

MP
Method.36

▼ 負け続けるといつしか自己肯定感が低くなるもの。目先の勝ち負けより、最終的な目標（ミッション）をよりどころにし、今は強くなるために負けているだけと切り替えよう。

試合の振り返りが足りないと負けグセがつく！

とはいえ、人は負け続けると、負けグセがつくものでもあります。

上のレベルで戦うようになった時に、何となく試合をしていたら、何となく負けてしまいます。

この場合は、明らかに試合の振り返りが足りないのです。

どこで自分の集中力が切れて、相手にたたみかけられたのか、なぜ負けたのか、きちんと振り返って、検証するべきです。

また、練習でできていることが試合でできているか、確認するようにしてください。練習でできていることが試合でできているなら、練習の内容が悪いのです。つまり、練習のレベルをもっと高める必要があります。

私が担当したなかに、試合で２時間がすぎると、急に集中力を切らしてパフォーマンスを落とす選手がいました。

練習を見に行くと、その理由がわかりました。練習では、いつも２時間で休憩を入れていたのです。

選手本人は「そのほうが効率いいから」と言いますが、それでは3時間を超える試合は戦えません。

練習と試合はイコールなので、練習でも試合時間を超えるまでは長い休憩を取らないようにしてもらいました。このように練習と試合で同じことができているなら、練習の質が悪いので見直しましょう。

練習でできていることが試合でできていないなら、プレッシャーや緊張が原因で、負けグセがついています。プレッシャーや緊張を取り除くようにしてください。

MP
Method.37

▼ 負けた理由をしっかり振り返らないと、負けても平気な感情が育ち、負けグセとなる。練習と試合内容を見直し、次の試合に向けて改善するところを常に探そう。

過信は、毎日見る鏡のそばに紙を貼って予防しよう

結果を出したり、順調な時に誰でも経験したことがあるのではないでしょうか。

それは、過信です。

キャリアの長い監督やコーチ、先輩などがまわりにいれば「過信しているな」とわかって注意してくれることがありますが、それでも、選手本人は過信していることに気づかないものです。

何を言っても、過信している本人に響きませんし、むしろ「過信なんかしていません」と反発されたりします。

人の意見が素直に聞けないことが、そもそも過信だといえるのですが、本人にはその理屈さえもわかりません。

意外かもしれませんが、過信するのはそんなに悪いことではありません。

「自信がない」と落ち込んでいるよりは過信しているほうが、メンタルとしてはいいのです。

ただし、過ぎたる自信は、冷静で正確な判断力を奪います。それで失敗をするのです。

では、過信を直すためには、どうすればいいのでしょうか。

失敗することです。

人は高くなった鼻を折られないと気づけないものです。そして、一番大事なのは、過信によって失敗した時にどう対処して、何を学ぶかです。

過信しないように予防はできます。調子のいい時にこそ、毎日見る鏡のそばに「過信してないか」と書いて貼っておくのがいいでしょう。

MP Method.38

▼過信になったら失敗するまで対処できない。過信の予防として、調子のいい時にこそ、「過信していないか」と書いた紙を鏡のそばに貼って、自分を戒めよう。

感情にとらわれすぎると、パフォーマンスが落ちる！

アスリートは感情にとらわれすぎると、急にパフォーマンスを落とします。

ミスジャッジで怒りにとらわれたり、大喜びしてテンションが上がりすぎたりして、できるはずのパフォーマンスができなくなるのです。

多くのアスリートは、この感情のムラを「性格だから」と思い込んでいますが、感情のコントロールはメンタルトレーニングで変えられるスキルなのです。

昔、アメリカのテニスプレーヤーにジョン・マッケンローという選手がいました。彼はよく怒ったり暴言を吐いて、マスコミの話題をさらっていました。

試合中、コートで怒りまくっているマッケンローですが、ウィンブルドンや全米オープンなど、世界的な大会で何度も優勝した名プレイヤーです。

そのため、彼の行動と結果を見て、「結果と感情のコントロールは関係ない」と言う人もいます。

でも、もしマッケンローが過剰な感情をコントロールできていたなら、もっと強かったし、もっと記録を残していたのではと、私は考えます。

感情はお天気のように、変わりやすいものです。なくす必要はないのですが、とらわれてしまってはいけません。

怒りなどの感情にはエネルギーがあるので、試合中にあらわにすると、何だか力がみなぎる気がします。

でも、試合中にそれを表現し過ぎると、力みに変わるなどしてパフォーマンスがブレるので危険です。

だから、怒りは練習の時にとっておきましょう。怒りを練習にぶつければ、普段出せないものが出せたりします。

女子プロゴルフの選手には、試合中に笑いながら移動するように指導しました。そうすることで、ミスした時の怒りや落ち込みなどの感情にとらわれずにいることができます。結果を出すことに集中できるのです。

MP Method.39

マイナスの感情、過剰な感情は、試合の結果に大きく影響するもの。怒りや落ち込みを感じる時には、笑顔を作ることで、気分を切り替えることができる。

落ち込んだ気持ちは、簡単に切り替えられる！

なぜ、あんな負け方をしてしまったのか……と、いつまでも落ち込んで気持ちを切り替えられない選手がいます。

次の試合が迫っていれば、どこかで気持ちを切り替えなければ、その試合の準備もままなりません。

よく「気持ちは、なかなか切り替えられないもの」だといいます。

でも、これは錯覚です。

試合に負けたいという選手はいません。それでも、次の試合へ向けて気持ちを切り替えられないのは、切り替えたくないのです。「気持ちを切り替えない」「気分が落ち込んだまま」であるほうがいい理由が、自分のなかに必ずあります。

「試合に負けた理由にできる」

「まわりが優しくしてくれる」

認めたくないでしょうが、心の奥底にそのような気持ちが潜んでいます。心理学ではこれを「疾病利得《しっぺいりとく》」といいますが、落ち込んでいると得をする何かがあるのです。

気持ちを切り替え、落ち込みをなくすのは簡単です。

友達にランチでもご馳走しながら、自分のいいところを10個ぐらい挙げてもらって、ほめてもらうといいでしょう。

そうして、気分を上げて、自分の素晴らしさを再認識してください。自分１人でやらずに友達に言ってもらうのが、ポイントです。

他人という客観的な視点からほめられることで、自分の存在価値を見つめ直すことができ、自分を信じられるようになるのです。

すると、改めて前の試合でのダメな部分を検証したり、次の試合にそれを生かそうと前向きな姿勢になるはずです。

ちなみにですが、この疾病利得を放っておくと、集中力が切れて、変なミスをするようになってしまいます。

看護師が点滴を取り違えたり、飛行機の管制官が違うスイッチを押してしまうことがあります。看護師も管制官も、本来絶対やってはいけないミスです。

それぞれの能力が落ちたわけではありません。メンタルの問題なのです。さらに放っておくと、無気力になって、次第にうつ状態になります。

自分で自分に「うつ持ちの自分」というレッテルを貼ってしまって、結局自分自身を落としてしまうのです。

ここまでくると、落ち込みの原因は子どものころのトラウマなどとリンクしていて、自分ではなかなかわかりません。

きちんとカウンセリングを受ける必要があります。自分のなかでトラウマとして残る怒りや憤り、理不尽さを、カウンセラーとともに探し出し、処理しなければなりません。

試合に負けても、試合中に失敗しても、自分の存在価値が否定されるような深刻な状況ではありません。

負けや失敗はいろいろな要因があわさって、ダメになっているものです。だから、なぜダメになったのかを検証して、何度もチャレンジしていけば、いずれは目標を達成できるようになるのです。

MP Method.40

▼試合前後の気分の大きな落ち込みは、人に無理矢理でも自分のいいところを挙げてもらって自己肯定感を高めて解消を。切り替えられなければメンタルに危険な兆候あり。

試合中のミスを引きずらないヒント

人間にミスはつきものです。とはいえ、大事な試合で単純なミスををすれば、イライラしてしまうもの。

時には「どうしてこんなミスをしてしまったのだろう」「こうすればミスは防げたのに」と試合中にもかかわらず、脳内で反省会をしてしまうものです。

でも、ミスはミス。やってしまった瞬間から、もう過去のものなので、取り返すことはできないものです。

試合はまだ終わっていません。勝敗も決まっていません。

それなのに、イライラして注意力が散漫になった状態で勝てるほど、試合は甘いものでしょうか。

イライラも脳内反省会も、試合が終わってから十分できます。

つい、そんなことに意識がいってしまうメンタルには、やはり、「今ここ」と言い聞かせましょう。余計な気持ちを捨て、目の前のことに意識を集中してください。

MP
Method.41

▼ミスは起きた瞬間から、過去のものとなる。試合中にかぎっては、取り返せないものにメンタルが縛られるのは損。「今ここ」と唱え、目の前の試合に集中しよう。

ルーティンの行動が連発するミスを断ち切る！

試合中に1つミスをすると慌ててしまい、そのあともミスを連発してしまうことがよくあります。

個人スポーツにかぎった話ではありません。チームでも、誰かがミスをすると、他の選手もミスをしたりと、ミスは続きます。

人間の脳には一番最近に見たことをコピーするクセがあります。

つまり、ミスとはもともと連発するものなのです。

1つのミスは本来独立したものですが、ミスに対して何もせずにいると、脳のなかで反芻してしまい、ミスが続いてしまうのです。

先ほどの項で、脳内反省会を試合中にしてはいけないといいましたが、まさしくミスを連発させてしまう行為とも言えます。

ミスがミスを呼んでいくと、ミスをした張本人は完全に焦って、パニック状態になっていきます。

そして「また、ミスをしたらどうしよう」と余計なことを考えてしまい、さらにミスが続くのです。

体操の選手が、鉄棒から落ちた時、もう1回、手に粉をつけます。そして「今からもう一度、競技の最初」とイメージします。実際最初からスタートするので、何度もミスをくり返さないケースが多いです。

手に粉をつけて、もう一度最初からと思って再び鉄棒をにぎる。このルーティンの行動が、ミスの連発を防いでいるのです。

ミスをしたら、ゆっくりと深呼吸をして、自分のいい姿勢やポジショニングを思い出して、「これをやれば大丈夫」と思えるルーティンの行動をしましょう。それでリセットしてスイッチを入れ直すのです。

そんなルーティンの行動をなかなか見つけられない人もいるでしょう。

普段の練習中に「何をやってもうまくいかない」と思う時があります。そんな時こそ、チャンスです。

どうすれば気持ちをリセットし、練習をはじめる時のような気持ちに戻れるか、そんなルーティンの行動を探せるチャンスなのです。

MP Method.42

▼

連発するミスは、脳が自動的に起こす現象。これをやれば大丈夫と自動的に思えるルーティンの行動で防ごう。練習中に気持ちがきれそうな時が、それを見つけるチャンス。

試合に負けた……でも、それは自分を変える大チャンスの時！

負けた時にどう考えるかは非常に大事なことだと思います。

たとえば、子どもが一生懸命練習をしてきたけれども、試合ではコテンパンに負けてきました。

試合前の元気は見る影もなく、子どもはとても落ち込んでいます。あなたが親の立場であれば、何と声をかけますか？

「落ち込んでいてかわいそうだからそっとしておく」
「かわいそうだから好物の料理を作る」
「『お前が弱いから負けたんだ』と言う」

ある時、子どもを持つ人に質問してみたら、みなさん悩みながらも、さまざまな答えを返してくれました。

これらの声がけによって、落ち込んでいた子どもは、どういう心の動きをするのか、解説してみましょう。

まず、そっとしておくと、子どもは「負けるのはまわりに気を使わせる悪いことで、落ち込んだ顔をしていたら、人は何も言ってこない」ことを学びます。

好物の料理を作った場合は、子どもは「負けるのはまわりに気を使わせる悪いこと。でも、負けるといいことがあったり、親切にしてもらえる」と学習します。

最後に「お前が弱い」と言われた子どもは、力で押さえこまれた状態です。子どもが成長して、親と力関係が逆転した時に、大きな反発があるかもしれません。

親の何気ないフォローや叱咤激励ですが、子どものメンタルには大きな影響をおよぼすのです。

大事なのは、子どもに「負けたのは悪いことではない」「あなたが落ち込む必要もない」と伝え、次はどうやったら勝てるか考えさせることです。

「次はどうやったら勝てると思う?」

「勝てっこないよ。向こうは大きいし」

「勝ちたいの？　勝ちたくないの？」

「勝ちたい」

「じゃあ、どうやったら勝てると思う？」

「もっと体力をつけて、大きくなったら勝てる」

「だよね。じゃあ、そのために何をする？」

「うーん、ご飯をちゃんと食べる！」

「いいね。もっと大きくなったら勝てるよ。楽しみだね」


子どもにいろいろと考えさせるようにしてください。

すると自然に次の目標ができます。そうしたら、ご飯をちゃんと食べたり、自ら進んで練習するようになるのです。

ここで、大人が先回りをして、「遺伝的に小柄な家系だから無理」とわざわざ言う必要はありません。

そういった正論は、子どもの可能性を摘んでしまいますし、大人に近づくにつれ、やはり自然と学んでいくものです。

それに不思議なもので、ちゃんとご飯を食べて、しっかり寝て、毎日「大きくなれる」とイメージトレーニングをしていたら、案外大きくなるものです。

負けた時こそ、大チャンスと考えてください。


負けるのはつらいことです。

でも人間、負けて真剣に落ち込んだ時ぐらいしか変われません。

勝っている時には変わるきっかけも勇気も持てないものです。それに負けは負けでしかありません。別に悪いことでも何でもないのです。

だから逆に、こうともいえます。

負けただけなのに、「かわいそう」と思ってはダメなのです。

子どもが負けて悔しくて落ち込むのはいいことです。

なぜ、悔しくて落ち込んでいるのでしょうか？　本気で「勝てる」と思っているから落ち込むのです。

「勝ちたかった」と思う気持ちは、その子の大切な自己肯定感です。だから、それを強化してあげるといいのです。

「次は勝てると思う？」

「勝てる！」

思春期以上の大人であれば、今の親子のやりとりを自問自答できます。負けた時こそ、今までの自分の試合運びや技術、さらにはメンタルなど、あらゆることを高めるチャンスだととらえましょう。

MP Method.43

負けてかわいそうと思うのは、「甘え」を生み出す。負けて、真剣に落ち込んだ時こそ、自分が変わるチャンスの時。次に勝つために何をめざすか、これまでのことを見直そう。

負けた原因を見つけられないあなたへ

負けた原因がわからないという人がいます。わからないままにしているのは、一番よくないパターンです。

負けた原因は必ず定かにする必要があります。

そうしないと、負けた現状を打破できないし、強くなれないからです。まずは、自分が何で負けたのか考える習慣をつけましょう。

なぜそうなったのかを考えて、探求していき、足りないところを見つけ、そこを強化していけば、勝てる可能性が見えてくるものです。

原因がわからないという人は、しっかりと考えるクセがない可能性があります。頭のなかでぐるぐると思いをめぐらせてもうまくはいかないものです。ノートに試合の状況を書き出してみるなど、頭のなかを整理することが必要です。

また、考えてもすぐにわかることともかぎりません。

毎日、考えていたら1週間後ぐらいに「これかな」と思い当たることが出てきたりするものです。

さらに自分でわからなければ、指導者やまわりに意見を求めてもいいのです。とにかく試合を振り返る必要があります。

敗因をわからないままにしているのは、成長を放棄した一番よくない行為です。

「じゃあ、今日の試合を振り返ってください」

「今日は最悪だったんで、振り返りたくないです」

選手がこう言う場合も、私はすぐに「何で負けましたか」と聞いて、振り返ってもらうようにしています。

負けは単なる負けであり、ここで敗因を探す行為から逃げても負けた事実は変わりません。だったら、「次の勝ちのための負け」と思えるようにしたほうがいいのです。「今日負けたことは取り返せないから、この負けを次の勝ちにつなげませんか。あなたぐらいの選手が今日の成績で終わるのは、自分でもおかしいと思っているでしょう」

今日の負けを次の勝ちにするために、試合をしっかり振り返って、負けた原因をつきとめるようにしてください。

MP Method.44

負けた原因をわからないままにするのは、成長を放棄した状態。まわりの人に意見を聞くなどして、明確にすることが大事。

すごくよかった時の自分が、自信の原点

練習がなかなかうまく行かない。試合で結果が出ない。そんな状態が続くと、人は自信を失っていくものです。

選手本人ははっきりと口に出さなくても、まわりから見ていると「自信をなくしているな」と思う時があります。

自信をなくしている本人たちは、それをストレートに言わず、「やめたい」「もう無理」「向いていない」と言うことが多いように思います。

やはり、競技を続けていると、ものすごくきつい試合があります。

自分の体調もよくなくて、強い相手との試合でコテンパンに負けた時には、「何でこんな試合をしなきゃいけないいんだろう」という心境にもなります。

そこで私はこんなカウンセリングスキルを使います。

「今までのあなたの人生のなかで、一番伸び伸びとプレイして、結果の出た試合はいつですか?」

これは「原体験」と言うのですが、誰でも競技を続けていると、自分の記憶のなかにベストな体験があるのです。

それを思い出して語ってもらうことで、自信があって、結果も出て、伸び伸びとしていた時の脳になるのです。

そして、その時の状況を聞いていきます。

「その時は何があったからできたの？」

「あの時は立場も何もなかったから、思いきってできました」

「じゃあ、思いきりよくいけば、よい試合ができるよね」

強かった時の自分の脳にしたうえで、何があったからできたのか、具体的に自己分析をしてもらうのです。

面白いことに一方的に勝った試合を思い出す選手はひとりもいません。

みんな格上の相手と死闘をくり広げて勝った試合や、ケガをして絶体絶命のピンチだったのになんとか逆転勝ちした試合を思い出すのです。

過去にものすごくチャレンジしたことが、その人にとっての一番の自信につながっているものです。

自信は「絶対に無理」と思うようなことを突破した経験によってつくものなのです。

自信は、結果の出た「チャレンジ」から生まれる。では、その「チャレンジ」のきっかけとは何か。最終的には、これを探るのです。

先ほどの選手の場合、チャレンジできたきっかけとなったキーワードは、「思いきりよくいく」ことでした。

「思いきりよくいく」イコール「すごくよかった時の自分」とつながっているのです。だから、次の試合は「思いきりよくいく」気持ちで臨めば、自信を持って、新しいチャレンジができるのです。

そのチャレンジは、自信につながります。チャレンジの結果勝てば、また大きな自信が生まれます。

このくり返しが、自己肯定感を強くしてくれるのです。

ただし、過去の経験を思い出し、自信を取り戻したところで、試合に必ずしも勝てるわけではありません。

目の前の試合や練習で、あなたが過去に築いた自信が何をしてくれるか。

それは、チャレンジする力を与えてくれるだけです。勝つか負けるかは、さまざまな要素があわさって決まるものです。

だから、私は選手たちに「勝ちなさい」とは言いません。チャレンジをしてほしいのです。

勝ち負けは単なる結果だし、あとからついてくるものです。

チャレンジをすることは、自分の可能性を広げることにつながります。成長の糧です。これが一番大事なのです。

その結果の勝ち負けは、真に重要ではありません。勝ってさらなる自信を得ることはできます。でも、負けてはじめて気づかされることがあるのです。

大切なのは、試合や練習であなたなりに悔いのない、ベストを尽くしたチャレンジができるかどうかです。

今あなたに、チャレンジする気持ちがないとすれば、自信を失っているのでしょう。ぜひ、過去を振り返ってください。自分のなかで一番伸び伸びとできた試合、そして結果がともなった試合があるはずです。

ベストな原体験にあるキーワードを見つけ、自信を取り戻して、再びチャレンジをしましょう。

MP Method.45

自信とは、チャレンジする力を与えてくれるもの。それはベストな原体験を思い出し、その時にチャレンジできたきっかけを探ることで、自信は取り戻せる。

おわりに

この本を読んだ方なら、「自分はこうしてみよう」「ああしてみよう」と思いつくことがたくさんあるのではないかと思います。

私が思う**スポーツのいいところとは、自分で自分を育て直すことができることです。しかも、比較的すぐにそれを体感できること**です。

今まで運動が苦手で「私は絶対走れない……」と思っていた人でも、さまざまなチャレンジをしながら前に進んでいくうちに、「あれ、走れないこともない」という経験をすることがあります。

すると、その経験によって自信がつき、もっと走れるようになったり、それがきっかけでほかの部分も変わっていきます。そうやって、人はチャレンジし続けていくなかで、気づくことがたくさんあります。

オリンピックに行く人も、健康維持のためにジョギングをする人も、自分を育て直す点で、どちらも同じぐらいに価値があることです。

本書で紹介したメンタルメソッドは、スポーツだけに有効というわけではありません。仕事や家庭、人間関係など、シーンを変えて何にでも使えるものです。

ぜひ、使ってみてください。自分やまわりの大事な人達をもう一度、気づき直すことができるはずです。


私がアスリート達にメンタルトレーニングをする一番の意味は「競技をやっていてよかった」と思ってもらいたいからです。

特にトップアスリート達は、幼いころから人生のすべてを賭けて競技をやってきています。楽しいという気持ちを感じるレベルではなく、こちらの想像を絶するきついことを体験しながら競技生活を続けています。

そしてどんな選手であっても、いつかは現役を終えるものです。

メンタルを学んでいると、目標に向かう力、苦難を乗り越える力になります。でも、それだけではありません。

メンタルをやりながら、**人生の目標（ミッション）を持つことができた選手は、現役を終える時に「自分は競技をやっていてよかった」「これがあったから今の自分がある」というふうに自分がやってきたことへの総決算ができる**のです。

私には自慢の教え子達がいます。

オリンピックに行った選手もたくさんいるけれど、行けなかった選手もいます。

オリンピックに行けなかった選手達のなかで、現役を終えて、消防士や教師になった人がいます。その人達から結婚式に呼ばれることがありました。

ふと、どうして、消防士や教師を選んだのかが気になり、それぞれに聞いてみました。

消防士になった教え子からは、

「僕はメンタルの先生を見て、人の力になれる仕事ってすごいなと思ったんです。メンタルトレーナーをめざしてもよかったのかもしれないけど、メンタルトレーナーという柄でもないから、この体力を徹底的に活かして、人のためになれる仕事がないかと考えたんです。それで消防士になりました」

と話してくれました。


教師になった教え子からは、こんな答えが返ってきました。

「僕は先生にメンタルを教えてもらって、助けられたことがたくさんあります。だから、本当によかったです。でも、もっと早く知りたかったなとも思いました。小学生のころからメンタルを知っていたら、すごくいいじゃないですか。それで小学校の体育の教師を選んだんです。体育が嫌いという子どもは多いけど、実は体を動かすことは気持ちいいし、目標を持って、スポーツをするのはいいことだと教えたいんです」

いずれも私の自慢の教え子です。

メンタルを教えたことに感謝されるのは当然うれしいのですが、それぞれ自分の価値や居場所を見つけて、自分の人生を踏み出していけるのもメンタルのよさなのです。

この本を読むことで、そのよさに触れてもらって、今の自分からほんの少しでも変わっていってもらえたらうれしいです。

２０１６年９月

浮世満理子

著 者

浮世満理子（うきよ・まりこ）

全心連公認上級プロフェッショナルカウンセラー、メンタルトレーナー

大阪府出身。アメリカで心理学を学び、帰国後「カウンセリングを日本の文化として定着させたい」という理念のもと、株式会社アイディアヒューマンサポートサービスを設立。プロスポーツ選手などのトップアスリートや五輪チーム、芸能人、企業経営者などのメンタルトレーニングを行なうかたわら、多くの方にカウンセリングを学んで欲しいと教育部門アカデミーを設立し、心のケアの専門家の育成も行なう。アカデミーで教えるコミュニケーションやメンタルトレーニングの独自のプログラムは、現在日本の多くの企業でも採用されている。

2005年、2006年とプロテニスプレイヤー岩渕聡選手を全日本選手権大会で連続優勝に導いたのをはじめ、体操日本代表選手、走り幅跳びで日本記録保持者・井村久美子（旧姓：池田）選手など多数のトップアスリートのメンタルトレーニングを担当する。他にもプロゴルフ、野球、サッカー、スノーボード、フィギュアスケート、ボクシング、など幅広いジャンルを担当。またアテネ五輪金メダリスト米田功氏は引退後、アイディアメンタルトレーニングセンターのメンタルトレーナーとして活躍中。社会貢献や災害ボランティアはライフワークと位置づけ、阪神・淡路大震災、ニューヨーク同時多発テロ、東日本大震災において、心のケア活動を展開している。2012年、全国心理業連合会、代表理事に就任。『絶対に消えない「やる気」の起こし方』『子どもの可能性を120%引き出す！メンタル強化メソッド50』『チームを120%強くする！メンタル強化メソッド50』（実業之日本社）など、著書多数。

http://www.idear.co.jp/

※本書は『スポーツで120%の力を出す！メンタル強化メソッド45』（2013年3月、小社刊）を加筆修正のうえ、新書化したものです。

JIPPI Compact

じっぴコンパクト新書　298

一流《いちりゅう》アスリートが実践《じっせん》！自分《じぶん》を操《あやつ》るメンタル強化法《きょうかほう》

2016年10月10日　初版第1刷発行

著　者……………浮世満理子
発行者……………岩野裕一
発行所……………株式会社実業之日本社
〒153-0044 東京都目黒区大橋1-5-1 クロスエアタワー8階
電話　03-6809-0452（編集）
　　　03-6809-0495（販売）
http://www.j-n.co.jp/
印刷所……………大日本印刷株式会社
製本所……………株式会社ブックアート

ISBN978-4-408-45611-9（第一スポーツ）